Der mutige junge Mann
Jesus von Nazareth

# Der mutige junge Mann
# Jesus von Nazareth

*Dieter Potzel,
Theologe, ehem. Pfarrer*

*Matthias Holzbauer,
Journalist und Buchautor*

Gabriele-Verlag
Das Wort

*Der mutige junge Mann*
*Jesus von Nazareth*

1. Auflage Dezember 2012
© Gabriele-Verlag Das Wort GmbH
Max-Braun-Str. 2, 97828 Marktheidenfeld
Tel. 09391/504-135, Fax 09391/504-133
www.gabriele-verlag.de
Alle Rechte vorbehalten.

Umschlagmotiv: Gemälde von Gustav Doré (1832-1883)
Druck: KlarDruck GmbH, Marktheidenfeld
ISBN 978-3-89201-354-9

*Der Prophet aber vertritt ein vom Priester grundsätzlich verschiedenes Anliegen. ... Der Priester ist der Feind des Propheten; sie miteinander versöhnen zu wollen ist ein unmögliches Ansinnen.*

> Walter Nigg, Theologe und Kirchenhistoriker, in: „Prophetische Denker. Löschet den Geist nicht aus!", Seite 124/126

*Ihr verschließt den Menschen das Himmelreich. Ihr selbst geht nicht hinein; aber ihr lasst auch die nicht hinein, die hineingehen wollen.*

> Jesus von Nazareth

*Viele werden an jenem Tag zu mir sagen: Herr, Herr, sind wir nicht in deinem Namen als Propheten aufgetreten, und haben wir nicht mit deinem Namen Dämonen ausgetrieben und mit deinem Namen viele Wunder vollbracht?*
*Dann werde ich ihnen antworten: Ich kenne euch nicht. Weg von mir, ihr Übertreter des Gesetzes!*

> Jesus von Nazareth

*Gewidmet ist dieses Buch
allen Opfern der Priester.*

Jesus von Nazareth und allen wahren Gottespropheten. Sowie den vielen Millionen Männern, Frauen, Kindern, Säuglingen, Behinderten, Kranken, Greisen, Indianern, Sklaven, Atheisten, ethnischen Minderheiten und Nachfolgern des Jesus von Nazareth und allen Menschen, die von den Priestern zu Ketzern erklärt, gefoltert und ermordet wurden, und allen von den Priestern auf ewig verdammten Mitmenschen – zur Zeit ca. 6 Milliarden Menschen.

Des Weiteren ist dieses Buch der Mutter Erde mit ihren Mineralien, Pflanzen und Tieren gewidmet, die schon in wenigen Jahrzehnten durch den Klimakollaps für Menschen weitestgehend unbewohnbar sein wird.

*Inhalt:*

*Vorwort* ............................................................. 13

*Der mutige Mann des Volkes für alle Völker:*
*Jesus von Nazareth – nicht das Krippen-Jesulein,*
*nicht der tote Mann am Kreuz.* .................................. 21

*Gottes Gesetze: nur Mittel zum Zweck?* ................. 27

*„Tradition" ist nichts Besonderes* ............................ 30

*Wie wird Jesus dargestellt?* ........................................ 32

*Wer sägt schon gern am Ast, auf dem er sitzt?* ........ 34

*Jesus von Nazareth spricht unmissverständlich* ....... 37

*Worte Jesu über die Priester* ..................................... 39

*Die „Zauberkunst" der Priester* .................................. 44

*„Die Wahrheit wird euch frei machen!"* .................. 47

*Priester gegen Propheten* ............................................ 49

*Das sandige Fundament der Kirche* .......................... 52

*Der Mut des Jesus von Nazareth* ............................... 53

*Jesus lehrte die Wahrheit der Himmel* ..................... 56

*Es ist getan!* ................................................................. 61

*Äußere Religionen sind das Werk der Priester* ....... 65

*Die Hoheitslehre der Bergpredigt* ............................ 67

*Die Goldene Regel* ...................................................... 73

*Alle Gottespropheten sprachen gegen die Priester* ........................................................................... 76

*Wer tut dem Himmelreich Gewalt an?* ..................... 79

*Das damalige Jerusalem – ein brisanter Ort* ............ 84

*Gottespropheten gegen Tieropfer* ............................ 90

*Die „Moral" der Priesterkaste* .................................... 95

*Was offenbarte Jesus noch über die damaligen Priester?* ...................................................................... 101

*Warum gibt es überhaupt Priester?* .......................... 105

*Niemand ist heilig, nur der Herr; denn außer dir gibt es keinen (Gott); keiner ist ein Fels wie unser Gott. (1 Sam 2, 2)* .................................................. 106

*Die Priester wollen das prophetische Wort Gottes auslöschen* ...................................................... 110

*Weshalb musste Abraham sein Elternhaus
verlassen?* ...................................................................... 117

*In den Urgemeinden gab es keine Priester* ........... 119

*Jesus trat gegen den Opferkult auf* .......................... 122

*Was hat die Priesterkaste aus Seiner Lehre
gemacht?* ............................................................................ 129

*„An ihren Früchten werdet ihr sie erkennen!"* ..... 135

*Der Ruf der „alten Schlange":
„Löschet den Geist aus!"* ............................................ 137

*Der Tanz um das goldene Kalb* ................................ 142

*Weshalb kam Christus zur Erde?* ............................. 146

*Die brutale Ermordung des Jesus von Nazareth* ... 149

*Wie zu allen Zeiten, spricht der Christus Gottes
auch heute im Prophetischen Wort zu uns
Menschen* .................................................................... 161

*Nachtrag* ....................................................................... 166

*Vorwort*

Was wissen wir über Jesus von Nazareth?

Jesus von Nazareth ist weltweit die bekannteste Persönlichkeit, die je auf dieser Erde gelebt hat. Man sollte annehmen, dass viele Menschen, vor allem aber diejenigen, die sich nach Seinem Namen „Christen" nennen, vieles wissen über Sein Leben, Sein Wirken und das, wofür er eingestanden ist. Vor allem, weil es nicht nur für alle Menschen, sondern darüber hinaus für die gesamte Schöpfung Gottes von so universaler Bedeutung ist.

Durch das prophetische Wort in unserer Zeit wissen inzwischen wahre Christen in aller Welt, dass in Jesus von Nazareth der Christus Gottes, der Sohn Gottes, des Ewigen All Einen, des Schöpfers des gesamten Universums, über diese Erde ging. Er, Christus, ist der Mitregent der Himmel, der Erlöser aller Menschen und Seelen. Jesus hat als Mensch das Größte bewirkt, was je ein Mensch vollbracht hat. Er lehrte uns die höchsten Lehren der Himmel, lebte sie vor und öffnete durch Seine Erlösertat für alle Seelen und Menschen den Weg zurück in die ewige Heimat, ehe Er zu Seinem ewigen Vater zurück kehrte.

Doch wie geht die institutionelle Priesterkaste, die sich mit Seinem Namen schmückt, mit Seinem Andenken um? Sie zelebriert Jahr für Jahr Seine Geburt als stummes Kindlein in der Krippe und wenig später Seine infame Ermordung am Marterkreuz der Schande. Das sind die Inszenierungen der institutionellen Glaubensverwalter mit rauschenden Festen, bei denen das Töten und Abschlachten von Tieren seinen jährlichen Höhepunkt erreicht. Die Größe des Menschen Jesus, Sein Wirken und die Friedenslehren, die Er uns im Auftrag Gottes gebracht hat, werden von ihnen bewusst verschleiert oder sogar ins Reich der Utopie verwiesen.

Ist das nicht infam?

Denn damit bringt die Priesterkaste zum Ausdruck, dass für sie das Leben und die Lehren des Sohnes Gottes, des größten Friedens- und Freiheitslehrers der Menschheitsgeschichte, mit dessen Namen sie sich schmückt, nichts wert sind. Das Kindlein in der Krippe sagt nichts, und der tote Mann am Kreuz sagt nichts mehr. Und darüber hinaus glauben die Religionsfunktionäre, mit den milliardenfachen Tötungsorgien an Festtagen über die Gebote Gottes und die Friedenslehre der Bergpredigt des Sohnes Gottes triumphieren zu können.

Kann man den Sohn Gottes mehr verhöhnen und Gott, Seinen Vater, dazu? Man kann – denn diejenigen, die das Bild eines hilflosen und zum Schweigen gebrachten Jesus von Nazareth verbreiten, haben sich noch eine Steigerung der Infamie ausgedacht: Es soll der Wille Gottes, des Ewigen, gewesen sein, dass vor 2000 Jahren die Glaubensverwalter und ihre Mord-Helfer Seinen eigenen Sohn als Opfer hinschlachten, damit Er, der gütige und liebende Vater, in seinem Zorn über die Sünden der Menschen besänftigt und auf diese Weise „versöhnt" werde.
Zu der weiteren Behauptung, solche und ähnliche aus heidnischen Opfervorstellungen übernommene Absurditäten entstammten dem „Geheimnis" Gottes, ist es dann nur noch ein kleiner Schritt,

als dessen Krönung sich der oberste Glaubensfunktionär dann selbst zum Stellvertreter Christi erhebt.

Die aus dem Heidentum stammende Vorstellung eines zornigen Rachegottes und die dogmatischen Winkelzüge der Religionsfunktionäre sind die Grundlage einer seit fast 1700 Jahren bestehenden religiösen Machtinstitution, die den Namen des großen Friedenslehrers Christus zur Irreführung der Menschen missbraucht, um dahinter ihre sehr weltlichen wirtschaftlichen und machtpolitischen Intentionen zu verstecken.

Dass dies in so weltweitem Umfang gelungen ist, ist erstaunlich. Denn zum einen bedienen sich die Funktionäre dieser Glaubensinstitutionen bis heute völlig ungeniert der Insignien aus dem Baals- und Mitraskult und anderer heidnischer Kulte, andererseits kann jeder Interessierte heute in den Bibeln der Institutionen trotz der vielen darin enthaltenen Fälschungen nachlesen, wie Jesus von Nazareth die Glaubensverwalter und ihre heidnischen Bräuche schon vor 2000 Jahren entlarvt hat, wie übrigens vor Ihm schon alle wahren Gottespropheten des Alten Bundes.

Wie ist es also möglich, dass diese Institutionen bis heute den Namen und das Andenken des Jesus, des Christus, in so infamer Weise verfälschen und missbrauchen?

Man darf nicht vergessen, dass die Inhalte der Bibel den normalen Menschen noch nicht lange zugänglich sind.
In früheren Jahrhunderten gab es nur wenige handgeschriebene Exemplare im Besitz der Glaubensverwalter, die diese und ihren Inhalt kontrollierten, nur wenige Menschen konnten überhaupt schreiben und lesen und waren der Sprachen, in denen es Bibeln gab, mächtig.
Später hat die Kirche unter Androhung der ewigen Verdammnis das Lesen der Bibel verboten.

Der größte Schachzug der pseudochristlichen Institutionen zum Aufbau und Erhalt ihrer Macht aber ist die Kindstaufe. Kinder werden vom Säuglingsalter an mit den unchristlichen heidnischen Dogmen indoktriniert und durch die Drohung mit der ewigen Verdammnis im Falle des Kirchenaustritts bei der Stange gehalten.

Gegen die Schöpfung und den Willen Gottes und damit auch gegen das Wohl der Menschen zu handeln, das ist das Anliegen und die Tradition, auf die sich die Religionsverwalter immer berufen, seit es diese Kaste gibt. Ihr gefährlichster Gegner ist der Christus Gottes, der sie als Jesus von Nazareth besiegt hat. Sie versuchen immer noch, ihre Niederlage zu verheimlichen, indem sie Sein Andenken und Seine Lehre verraten und missbrauchen. Doch die Wahrheit wird für immer mehr Menschen sichtbar.

Einen Beitrag dazu leistet das vorliegende Buch. Es zeigt anhand der eigenen Überlieferungen der Religionskonzerne in deren Bibel auf, was Jesus von Nazareth gelehrt und wie Er gelebt hat. Er hat schon vor 2000 Jahren die Glaubensverwalter entlarvt als das, was sie sind, Vertreter des Gegenspielers Gottes.
Und wie man den Überlieferungen der Kirchen an vielen Stellen unschwer entnehmen kann, hat Er dies völlig unverblümt und direkt getan mit Worten wie „Nattern- und Otterngezücht" oder „übertünchte Gräber."

Lesen Sie, welch großer Mann Jesus von Nazareth war, der wie die großen Gottespropheten vor Ihm, vor 2000 Jahren unbeirrbar für die Wahrheit und den Frieden aus den Himmeln eingestanden ist.

*Der mutige Mann des Volkes für alle Völker:*
*Jesus von Nazareth –*
*nicht das Krippen-Jesulein,*
*nicht der tote Mann am Kreuz.*

Viele Menschen wissen: Gott ist Geist. Gott ist das Universale Bewusstsein, die All-Intelligenz, der Schöpfer allen Lebens.

Gott ist das Leben in Seiner ganzen Schöpfung. Es gibt kein Leben außer Gott.
Er ist das Leben im Mikrokosmos und im Makrokosmos. Er ist das Leben in Allem. Er ist der Odem im Atem aller Seiner Geschöpfe. Gott, der All-Eine, ist grenzenlose Liebe und grenzenloses Sein. Er ist die All-Einheit und die All-Ewigkeit. Er ist der Freie Geist der Unendlichkeit und der Vater-Mutter-Gott aller Seiner Kinder.

In Gott, dem Ewigen, gibt es keine äußeren Religionen. Alle äußeren Religionen sind Menschenwerk. Äußere Religionen sind von Priestern gewollt, nicht von Gott dem Ewigen.

Viele, sehr viele Menschen im so genannten „christlichen Abendland" und in aller Welt glauben im Grunde ihres Herzens an Jesus von Nazareth. Und sie sind auch davon überzeugt, dass Er, der auferstandene Christus Gottes, durch Seine Liebe und Barmherzigkeit vieles zum Guten lenken wird – ja, dass durch Ihn, den Christus Gottes, irgendwie und irgendwann alles gut wird, weil Er nur Gutes getan hat und alles Weltliche und auch alles Allzumenschliche mit Seiner Liebe und Barmherzigkeit überstrahlt.

Viele Menschen meinen auch, dass es genügt, einfach an Ihn zu glauben. Damit verbunden ist in der Regel eine gewisse Hoffnung auf ein glückliches Leben unserer Seele nach dem Hinscheiden des Körpers – unabhängig davon, ob und wie der Einzelne nach ethischen moralischen Werten gelebt hat oder nicht.

Wir werden in diesem Buch einige überlieferte Aussagen des Jesus von Nazareth näher betrachten, die in der Bibel der Kirchen überliefert sind. Anhand dieser Worte werden wir aufzeigen, dass

Jesus von Nazareth, der Christus Gottes, viel mehr war und ist, als vielen Menschen und vor allem den Kirchenoberen lieb ist – ja, dass Er alles andere war als nur ein Krippenkindlein oder ein toter Mann am Kreuz, an den man nur zu glauben braucht und zu dem man, je nach Bedarf, auch beten kann. Und an den man allenfalls an den so genannten christlichen Festtagen wie Weihnachten und Ostern eventuell einmal denken sollte.

Jesus von Nazareth lehrte uns Menschen, im Gegensatz zu den institutionellen Amtskirchen, dass die Menschen Ihm, also Jesus von Nazareth, nachfolgen sollen.
Es bedarf demnach zwischen Gott, dem Ewigen, und den Menschen keiner Priester, die sich anmaßen, trotz oftmals mehr als zweifelhafter Charakterbildung eine Art Vermittler zwischen Gott und den Menschen zu sein – Vermittler, die sich über das Volk stellen und die auch noch völlig ungeniert die offenbarten göttlichen Gesetzeslehren und Lebensanweisungen des Jesus von Nazareth so weit umdeuten, verdrehen und für das eigene Dogmengebäude vereinnahmen, dass

es einem fortwährenden Missbrauch Seines guten Namens gleichkommt.

Jesus von Nazareth forderte alle Menschen zur Tat auf, zu Seiner Nachfolge, also ganz konkret zur Umsetzung der Zehn Gebote Gottes und Seiner Lehre der Bergpredigt im Alltag, also zur Verwirklichung der Gottes- und Nächstenliebe. Das ist der Weg, die Wahrheit und das Leben, von denen Er uns kündete.

Von einem passiven Glauben an Ihn als einstiges Baby in der Krippe sprach Er nicht; auch nicht von „Opferkerzen", deren Erlöse einer steinreichen Kirche zugute kommen und die dazu beitragen sollen, dass alles gut werden soll.

Auch sprach Er nicht davon, dass Priester eine Oblate in Seinen Leib und Wein in Sein Blut verwandeln könnten.

Er gab auch keinerlei Unterweisungen dahingehend, dass wir Seinen gekreuzigten Leichnam samt Kreuz Hunderte von Jahren zur Schau stellen und dieses Kreuz, auf fiktive Wunder hoffend, anbeten und verehren sollen, obgleich Er doch schon längst auferstanden ist.

Seit Hunderten von Jahren wird vor dem Kreuz mit dem Korpus gebetet. Doch fragen wir uns: Was hat all das Beten gebracht? Ist der Zustand dieser Welt das Ergebnis der vielen Gebete von so genannten Christen und von Priestern, Bischöfen, Kardinälen und Päpsten?
Fragen wir uns weiter: Würden wir dieses Zur-Schau-Stellen eines Leichnams am Kreuz auch tolerieren, wenn es unsere eigenen geliebten Kinder oder Verwandten, Eltern oder Freunde wären, die man auf so grausame Weise gefoltert, geschändet und an das Kreuz genagelt hätte?

Warum aber praktizieren das die Kirchenoberen? Und warum tolerieren es die so genannten Gläubigen, dass etwas derart Herabwürdigendes und Pietätloses wie diese dauernde Zur-Schau-Stellung des sterbenden oder toten Körpers mit Jesus von Nazareth vollzogen wird, dem Sohn Gottes, dem Mitregenten der Himmel, dem Erlöser aller Seelen und Menschen?
Von einem Weihnachtsfest, Osterfest und Pfingstfest sprach Er, Jesus von Nazareth, übrigens auch nicht. Das Brauchtum der abgeschlagenen Weih-

nachtsbäume, die Osterbräuche, die so genannte Heiligenverehrung und vieles mehr haben nichts, aber auch gar nichts, mit der Nachfolge des Jesus, des Christus, zu tun. Diese Traditionen samt gebratener und festlich zubereiteter Tierkadaver sind folglich nicht christlich. Das alles ist kirchliches Menschenwerk einer veräußerlichten Religion. Es dient der Ablenkung und Täuschung des Volkes und hat mit der *Inneren Religion*, die Jesus von Nazareth die Menschen lehrte, nicht das Geringste zu tun.

Selbstverständlich kann jeder Mensch glauben, was er möchte, und auch die verschiedenen Feiertage so gestalten, wie er möchte. Man kann zu verschiedenen Jahreszeiten und zur Sonnenwende die Häuser, Wohnungen und auch Bäume schmücken, ein Fest feiern, Kerzen anzünden und sich an einer feierlichen Stimmung erfreuen. Eventuell lässt uns eine festliche Atmosphäre ruhiger und stiller werden, so dass auch unsere Gebete tiefer werden. Doch eine bestimmte Atmosphäre hat mit den überlieferten Gesetzeslehren des Jesus von Nazareth, die uns Gott näher bringen, noch nichts zu tun.

*Gottes Gesetze: nur Mittel zum Zweck?*

Die Gesetze Gottes – wie die Zehn Gebote Gottes, die durch Mose empfangen wurden, wie die Bergpredigt des Jesus von Nazareth, wie die Schriften und Gottesoffenbarungen durch die wahren Propheten des „Alten Bundes", aber auch das so genannte „Neue Testament" – sie alle waren und sind, bei genauerer analytischer Betrachtung des Wirkens der Priester in der Geschichte, bis heute für die Priesterkaste nur Mittel zum Zweck. Sie führen die göttlichen Lehren nur ins Feld, um ihre Hybris als angebliche Vermittler zwischen Gott und den Menschen noch weiter aufzuwerten, um für das Volk eine Illusionsbühne zu schaffen und um dem von ihnen mit aller Macht angestrebten Status, über dem normalen Volk zu stehen, eine vorgebliche Legitimation zu verleihen.

Jesus von Nazareth lehrte das nicht, ganz im Gegenteil. Er demaskierte mit Seinen kraftvollen Worten und Taten die Religionsführer fortwährend, so dass sie nur noch *einen* Ausweg sahen: Ihn umbringen zu lassen.

Man muss sich darüber im Klaren sein, dass darüber hinaus alle Taten, alle Heilungen und alle „Wunder", die Jesus von Nazareth wirkte, für die religiöse Obrigkeit ein offener Affront waren, eine noch nie da gewesene Provokation. Denn durch das Wirken des Christus Gottes als Mensch Jesus von Nazareth wurde vor aller Welt bezeugt, dass ihnen, also den Priestern, Schriftgelehrten und Pharisäern, die Wahrhaftigkeit, die geistige Erkenntnis, die Demut und – für alle Menschen mehr als offensichtlich – die Kraft Gottes ebenso fehlten wie die Güte, die Liebe und die Barmherzigkeit. Und das trotz all ihrer Riten, Kulte, Zeremonien, ihrer Blutopfer und noch so imposanter Tempelbauten.

Jede Handlung des Jesus von Nazareth offenbarte und bezeugte die geistige Unwissenheit, letztlich die geistige Kraftlosigkeit und Gottferne der Priesterkaste, trotz all ihrer Anmaßungen und prunkvollen Gewänder, ihres selbstsüchtigen Geltungsbewusstseins und ihrer scheinheiligen Gebetsfloskeln, ihrer satanischen Blutopferkulte, ihrer Riten und Zeremonien. Auch ihr angeblich aus der „Tradition" heraus abgeleiteter Stand und ihre Machtansprüche bis hin zu den von jedermann eingeforderten Ehrerweisungen für ihre angebliche Sonderstellung im Volk können die geistige Hohlheit des Amtspriestertums nicht überdecken. Das alles aber ist Gott ein Gräuel.

Nicht zuletzt forderten im Laufe der Kirchengeschichte gerade Priester und Theologen vom Staat bestialische Strafen für alle Menschen aus dem Volk, die gegen die Irreführung des Volkes und die dreisten Anmaßungen der Priesterkaste aufbegehrten.

Jesus von Nazareth, der mutige junge Mann des Volkes, entlarvte die gottferne Priesterkaste Seiner Zeit als scheinheilige Zauberer, die dem Volk Lasten auferlegen, selbst aber keinen Finger krümmen wollen und die das Volk letztlich an die heidnischen Traditionen des Baalskultes binden, also an den Widersacher Gottes. Er zeigte auf, dass sie, die Schriftgelehrten und Priester, mit diesem im Bunde stehen, wie es im Johannesevangelium der Bibel nachzulesen ist.

Wir wollen mit diesen Ausführungen keinen Menschen persönlich bloßstellen, sondern aufzeigen, für welche Werte Jesus von Nazareth wirklich stand und über welche Unwerte Er konsequent aufklärte. Jeder ist frei, das Gesagte anzunehmen und seinen Glauben an eine religiöse Obrigkeit zu überprüfen oder es abzulehnen.

## „Tradition" ist nichts Besonderes

Heute wird sehr vieles der „Tradition" im Allgemeinen und der Priestertradition im Besonderen zugesprochen, doch vieles davon ist gegen die Gesetze Gottes. Denn die „Tradition" ist für sich genommen kein positiver Wert und war es auch noch nie. Tradition ist immer nur das, was als angebliche Kultur an nachfolgende Generationen weitergegeben wird. Mehr ist es nicht! Schauen Sie selbst im Lexikon nach. Seit Generationen wird so das Bild vom Jesulein in der Krippe und vom toten Mann am Kreuz dem leichtgläubigen Volk von den Kirchen vor Augen gehalten, um es damit zu infiltrieren.

Ohne zu hinterfragen oder zu prüfen, ob das der Wille des Christus Gottes sein kann, was die Priester behaupten, wird so manches hingenommen, ob es der Wahrheit entspricht oder nicht, einschließlich des angeblichen „Wunders" der Eucharistie. Auch das ist nichts als katholisches Menschenwerk.
Jesus von Nazareth aber sprach:
*Weh euch, ihr Schriftgelehrten und Pharisäer, ihr Heuchler! Ihr verschließt den Menschen das Himmelreich. Ihr selbst geht nicht hinein; aber ihr lasst auch die nicht hinein, die hineingehen wollen.* (Mt 23, 13)

Die viel zitierte „Tradition" sagt nichts über christliche Werte aus, auch wenn ein noch so dickes „C" davor steht. Sie sagt nichts über die ethischen und moralischen Werte einer Person, einer Kirche, einer Gesellschaft, oder einer politischen Partei aus. Gar nichts.
Auch unethische und unmoralische Verhaltensweisen, die nicht im Einklang mit den Zehn Geboten Gottes und der hohen Ethik und Moral der Bergpredigt des Jesus von Nazareth stehen,

bis hin zum primitivsten Barbarentum, werden bis heute zur „Tradition" erhoben. Nennen wir hier nur ein Beispiel: Der Tiermord in Wald, Feld und Flur, heute „Jagd" genannt, der obendrein noch zum gesellschaftlichen Vergnügen hochstilisiert und von den Pfarrern gesegnet wird.

Der oftmals kirchlich infiltrierte Volksmund stimmt ein in den Chor der – ein solches Wort sei einmal erlaubt – „ewig Gestrigen": „Das haben wir schon immer so gemacht." Oder: „Das war schon immer so." Als ob das „immer so" etwas besonders Gutes gewesen wäre! Denn damit könnte man wohl genauso gut Mord, Totschlag und Krieg rechtfertigen – das gab es ja auch „schon immer" ...!

## *Wie wird Jesus dargestellt?*

Fragen wir doch einmal eingehender, warum die Welt heute so am Abgrund steht wie niemals zuvor. Fragen wir in diesem Zusammenhang auch: Wie ist eigentlich unser Bild über Jesus von Nazareth heute? Und wie ist es entstanden? Ist es nicht oftmals nur durch die Kirche geprägt?

Wenn ja: Wie wird uns Jesus von Nazareth, der Christus Gottes, von der Priesterkaste der institutionellen Kirchen bis heute „verkauft"?

Stimmt das überhaupt, was die Kirchen uns über Jesus von Nazareth vermitteln? Fragen wir uns das einmal; vergleichen wir aber auch anhand der geschichtlichen Fakten die Taten der Kirchen mit ihren Worten und ihren zwingenden Vorgaben für das Volk, unter Androhung einer ewigen Verdammnis bei Nichterfüllung. Stellen wir dabei vor allem ihre Verhaltensweisen den Zehn Geboten Gottes und der Bergpredigt des Jesus von Nazareth gegenüber.

Anders ausgedrückt: Was sollen wir einfachen Menschen alles glauben, was wiederum nur die Kirchenoberen, nicht aber Jesus von Nazareth oder Gott, der Ewige, uns mündigen Bürgern vorschreiben? Und hat das alles – die Dogmen, die Zeremonien, die Priester und der ganze Kirchenkult samt Sakramenten und Steinhäusern – überhaupt irgendetwas mit Jesus von Nazareth zu tun und mit dem, was Er uns lehrte?

Der über Europas Grenzen hinaus berühmte Preußenkönig Friedrich der Große beeindruckte schon damals seine Zeitgenossen mit folgender Aussage:
*Erlauben Sie mir, zu sagen, dass unsere heutigen Religionen ebenso wenig der [Religion] Christi wie der Irokesischen gleichen. ... Jesus predigte Duldung, und wir verfolgen. Jesu predigte eine gute Sittenlehre, und wir üben sie nicht aus. Jesus hat keine Lehrsätze aufgestellt, und die Konzile haben reichlich dafür gesorgt. Kurz, ein Christ des dritten Jahrhunderts ist einem Christen des ersten gar nicht mehr ähnlich.* (Friedrich der Große und die Philosophie", Texte und Dokumente, Stuttgart 1986, S. 7)

*Wer sägt schon gern am Ast,
auf dem er sitzt?*

Aufgrund der beinahe 2000 Jahre langen Indoktrination der Völker durch eine Priesterkaste, die Jesus von Nazareth nie wollte und die Er Zeit Seines Lebens bekämpft hat, ist Seine kristallklare Lehre, sind auch Seine mit göttlicher Vollmacht gesprochenen Worte gegen die Priesterkaste im Bewusstsein der Völker kaum noch gegenwärtig. Sie, die Pfarrer und Priester, missbrauchen den Namen des Jesus, des Christus, auf das Schwerste, indem sie diesen guten Namen immer wieder nur in den Mund nehmen, statt zu tun, was Jesus uns lehrte. Gleichzeitig behaupten sie, Er hätte beispielsweise nur für die damalige Zeit gesprochen oder umgekehrt Anweisungen für eine ferne zukünftige Zeit gegeben, und man brauche das heutzutage nicht erfüllen, könne sich aber trotzdem „Christ" nennen.

Jesus von Nazareth sprach jedoch Worte der Wahrheit, die Gültigkeit haben. Und wenn die Kirchenoberen von heute behaupten, dass die Bibel das Wort Gottes ist und bis heute Gültigkeit hat, muss man da nicht fragen:
Gilt das, was Jesus von Nazareth *damals* über die Priesterkaste sprach, nicht auch für die *heutige* Zeit und für die *heutige* Priesterkaste, die sich „christlich" nennt?
Viele der deutlichen Worte gegen die Priesterkaste, die wir in diesem Buch in den folgenden

Kapiteln zitieren, sind zurückzuführen auf Aussagen des Jesus von Nazareth, die bis heute in den Bibeln der Kirchen stehen, und die nach kirchlicher Lehre geglaubt werden müssen – unter Androhung der ewigen Verdammnis für alle Menschen des Volkes, die das nicht glauben. So haben es die Kirchenoberen in Form von angeblich unfehlbaren Dogmen und von anderen Lehrsätzen bestimmt.
An wen sind diese Worte heute also gerichtet? So wie der Teufel gemäß einem Sprichwort das Weihwasser scheut, so fürchten sich die Theologen und Priester davor, ihren Gläubigen hier reinen Wein einzuschenken. Denn wer sägt schon gern am Ast, auf dem er selber sitzt?

Wie kein Mensch vor Ihm stand Er, Jesus von Nazareth, für unsere ewige geistige Heimat ein, für das Reich Gottes, aus dem Er gekommen war und zu dem Er wieder zurückkehrte. Doch zu keiner Zeit – niemals, keinen einzigen Augenblick Seines kurzen Erdenlebens – befürwortete Er eine Priesterkaste oder lehrte die Menschen, Gott würde in einem Tempel oder in einer Kirche aus

Stein wohnen. Noch lehrte Er, dass Gott der Ewige, Vermittler bräuchte, die sich Priester, Pfarrer oder Bischöfe nennen, um sich Seinen Menschenkindern mitzuteilen – denn Er, Gott, der Ewige, ist doch selbst in allem und allen vertreten!
Jesus von Nazareth lehrte das genaue Gegenteil von dem, was die Priester lehrten und bis heute lehren. Deshalb, und nur deshalb, wurde Jesus von Nazareth auf Betreiben der Priesterkaste umgebracht.

*Jesus von Nazareth spricht
unmissverständlich*

Hier geht es also um eine geistige Irreführung der Völker durch die Kirchen. Seit 2000 Jahren hat sich vor allem im so genannten christlichen Abendland durch die institutionellen Kirchen ein angebliches Christentum etabliert, welches mit seinen von Kirchenoberen, also von Menschen, installierten Kirchengesetzen und Dogmen den Christus Gottes auf das Schlimmste verunglimpft und diskriminiert.

Dieses Schein-Christentum hat völlig ausgeblendet, dass Jesus von Nazareth vor allem der Priesterkaste mit göttlicher Vollmacht entgegen trat und die Religionsführer als Falschspieler, als Etikettenschwindler und als Gegenspieler Gottes entlarvte. Dies wurde weitgehend ignoriert oder nur der damaligen Priesterkaste einer bestimmten Religion angehängt, obwohl doch Seine Worte, wie sie in den überlieferten Schriften der Bibel für jedermann nachzulesen sind, genauso auf heutige Priester, Würdenträger und Theologen vor allem im so genannten Christentum zutreffen.

Dieses Entlarven der Gegenspieler Gottes hat zu allen Zeiten, nicht nur vor 2000 Jahren, einen einzigartigen Mut erfordert – insbesondere im Hinblick auf die zu erwartenden brutalen Strafen für alle Menschen, die es wagten, z.B. über eine priesterhörige Obrigkeit, vor allem aber über eine machtbesessene Priesterkaste aufzuklären. Viele, sehr viele der guten und treuen Christusnachfolger bezahlten vor allem im kirchlichen Abendland ihren aufklärerischen Mut und ihre Treue zu Gott und Christus mit dem Leben.

Die Priesterkaste aber war zu allen Zeiten eine „satanisch geprägte Säule" der herrschenden Oberschicht. Und das belegen sowohl die Kirchengeschichte als auch das Zeugnis des Jesus von Nazareth in der Bibel und in den so genannten apokryphen Schriften außerhalb der Bibel.

*Worte Jesu über die Priester*

Die folgenden Aussagen des Jesus von Nazareth über die Religionsführer sind in den Bibeln der Kirche zu finden.
Jesus spricht dabei zu denen, die Ihn – so wörtlich – „zu töten" versuchen, woraus klar ersichtlich ist, an wen Er Seine deutlichen Worte richtete.

Dabei ist zu bedenken: Die religiöse Obrigkeit stand zur Zeit des Jesus von Nazareth im Volk in sehr hohem Ansehen. Es erforderte also wahrlich großen Mut, solche klaren und deutlichen Worte auszusprechen, auch wenn sie von der Wahrheit Zeugnis geben und von der Kraft Gottes gefüllt sind.

*Als Jesus ein andermal zu ihnen redete, sagte er: Ich bin das Licht der Welt. Wer mir nachfolgt, wird nicht in der Finsternis umhergehen, sondern wird das Licht des Lebens haben. Da sagten die Pharisäer zu ihm: Du legst über dich selbst Zeugnis ab; dein Zeugnis ist nicht gültig. Jesus erwiderte ihnen: Auch wenn ich über mich selbst Zeugnis ablege, ist mein Zeugnis gültig. Denn ich weiß, woher ich gekommen bin und wohin ich gehe. Ihr aber wisst nicht, woher ich komme und wohin ich gehe. Ihr urteilt, wie Menschen urteilen; ich urteile über keinen. Wenn ich aber urteile, ist mein Urteil gültig; denn ich urteile nicht allein, sondern ich und der Vater, der mich gesandt hat. ... Da fragten sie ihn: Wo ist dein Vater? Jesus antwortete: Ihr kennt weder mich noch meinen Vater; würdet ihr mich kennen, dann würdet ihr auch meinen Vater kennen.* (Joh 8, 12-19)

*Er sagte zu ihnen: Ihr stammt von unten, ich stamme von oben; ihr seid aus dieser Welt, ich bin nicht aus dieser Welt. Ich habe euch gesagt: Ihr werdet in euren Sünden sterben; denn wenn ihr nicht glaubt, dass ich es bin, werdet ihr in euren*

*Sünden sterben. Da fragten sie ihn: Wer bist du denn? Jesus antwortete: Warum rede ich überhaupt noch mit euch? Ich hätte noch viel über euch zu sagen und viel zu richten, aber er, der mich gesandt hat, bürgt für die Wahrheit, und was ich von ihm gehört habe, das sage ich der Welt.* (Joh 8, 23-26) *Ich weiß, dass ihr Nachkommen Abrahams seid. Aber ihr wollt mich töten, weil mein Wort in euch keine Aufnahme findet. Ich sage, was ich beim Vater gesehen habe, und ihr tut, was ihr von eurem Vater gehört habt. Sie antworteten ihm: Unser Vater ist Abraham. Jesus sagte zu ihnen: Wenn ihr Kinder Abrahams wärt, würdet ihr so handeln wie Abraham. Jetzt aber wollt ihr mich töten, einen Menschen, der euch die Wahrheit verkündet hat, die Wahrheit, die ich von Gott gehört habe. So hat Abraham nicht gehandelt. Ihr vollbringt die Werke eures Vaters. Sie entgegneten ihm: Wir stammen nicht aus einem Ehebruch, sondern wir haben nur den einen Vater: Gott. Jesus sagte zu ihnen: Wenn Gott euer Vater wäre, würdet ihr mich lieben; denn von Gott bin ich ausgegangen und gekommen. Ich bin nicht in meinem eigenen Namen gekommen, sondern er hat mich gesandt. ... Ihr habt den*

*Teufel zum Vater und ihr wollt das tun, wonach es euren Vater verlangt. Er war ein Mörder von Anfang an. Und er steht nicht in der Wahrheit; denn es ist keine Wahrheit in ihm. Wenn er lügt, sagt er das, was aus ihm selbst kommt; denn er ist ein Lügner und ist der Vater der Lüge. Mir aber glaubt ihr nicht, weil ich die Wahrheit sage. Wer von euch kann mir eine Sünde nachweisen? Wenn ich die Wahrheit sage, warum glaubt ihr mir nicht? Wer aus Gott ist, hört die Worte Gottes; ihr hört sie deshalb nicht, weil ihr nicht aus Gott seid.* (Joh 8, 37-47)

Diese Worte waren an die damalige Priesterkaste gerichtet, die Ihn töten wollte.

Doch wie würde Er heute zu den Religionsführern sprechen, die Ihn, den Auferstandenen, seit nahezu 2000 Jahren am Kreuz hängen lassen? Die behaupten, Ihm, dem Christus, zu dienen, die Ihn aber in Wirklichkeit zum Schweigen bringen wollen, indem sie immer wieder das Krippenkindlein oder den toten Mann am Kreuz verehren, aber nicht auf den mutigen jungen Mann hören wollen?

Lesen wir weiter in der Bibel, was Jesus von Seinen Gegnern vorgeworfen wurde:
*Sagen wir nicht mit Recht: Du bist ein Samariter und von einem Dämon besessen? Jesus erwiderte: Ich bin von keinem Dämon besessen, sondern ich ehre meinen Vater; ihr aber schmäht mich. Ich bin nicht auf meine Ehre bedacht; doch es gibt einen, der darauf bedacht ist ... Wenn ich mich selbst ehre, so gilt meine Ehre nichts. Mein Vater ist es, der mich ehrt, Er, von dem ihr sagt: Er ist unser Gott. Doch ihr habt ihn nicht erkannt. Ich aber kenne ihn, und wenn ich sagen würde: Ich kenne ihn nicht, so wäre ich ein Lügner wie ihr. Aber ich kenne ihn und halte an seinem Wort fest.* (Joh 8, 48-55)

Das sind wahrlich ernste und inhaltsschwere Worte des Nazareners, des Christus Gottes. Sie haben nichts mit einem Krippenbabylein an Weihnachten zu tun. Und ein toter Mann am Kreuz kann auch keine solch klaren Worten der Wahrheit mehr aussprechen und damit die Priesterkaste demaskieren. Wer Ohren hat, der höre!

## *Die „Zauberkunst" der Priester*

Die Geschichte lehrt uns: Die Priesterkaste ist seit Anbeginn bestrebt, die Völker aller Kulturen an ihre, der jeweiligen Priesterkaste ureigenen allzumenschlichen Vorstellungen von Göttern, Götzen, Teufeln und Dämonen, von Blut- und Opferritualen und an ihre Vorstellungen von Leben und Tod, von Himmel und Hölle zu binden. Bis zum heutigen Tag. Diese Vorstellungen der Priesterkaste haben aber mit dem wahren Gott, dem All-Geist, dem Universalen Bewusstsein, nichts, aber auch gar nichts zu tun.

Äußerst geschickt und skrupellos hat es die kirchliche Priesterkaste zu allen Zeiten verstanden, durch die Erfindung magischer Riten und angeblicher Geheimnisse Gottes und zuletzt durch die perfide Vereinnahmung des Namens „christlich" die Völker zu täuschen. Die Geschichte lehrt uns auch: Die konfessionelle Priesterkaste verstand es immer, sich über das Volk zu erheben und die politisch Mächtigen an ihrem Gängelband zu führen und zu manipulieren – zu Lasten des Volkes, aber vor dessen Augen verborgen durch undurchsichtige Machtstrukturen und oft unmerkliche Indoktrination.

Magie und Geheimnis kommen aber niemals von Gott, dem All-Einen, dem ewigen Freien Geist, der das Leben in allem und in allen ist, sondern immer nur, ausschließlich, vom Gott der Unterwelt, dem Gegenspieler Gottes.

Im Gegensatz zu den vorgeblichen „Zauberkunststückchen" der Priester waren gerade die wunderbaren Werke und die Heilungen des Jesus von Nazareth für die damalige Priesterkaste ein weiterer Anlass, um gegen Ihn, den Christus Gottes, vorzugehen, weil das einfache Volk dadurch erlebte und erfasste, wie überaus gering im Vergleich dazu die Kräfte der Priester sind.

Die Lehren und das Wirken des Jesus, des Christus, deckten auf, dass sie, die Priester, nur ihren hohlen „Zauber" zu bieten hatten, dass sie in Wahrheit nichts über die Seele des Menschen und über die Gesetzmäßigkeiten des Reiches Gottes wissen; gar nichts, absolut nichts über die Gesetze des Lebens; nichts vom Leben der

Seele nach dem Hinscheiden des Leibes und nichts über die Reinkarnation der Seelen, nach dem kosmischen Gesetz von Saat und Ernte, von Ursache und Wirkung.

Und dann kommt ein einfacher Mann des Volkes daher, ein Zimmermann (kein Theologe, kein Priester!), lehrt das Volk, den Religionsführern nicht zu glauben, und lebt den Menschen die Gesetze Gottes vor. Er lehrt sie weiterhin, ebenfalls nach diesen Geboten zu leben, damit sie frei werden von der Priesterkaste, deren Tempelgesetze zum größten Teil nichts mit den Geboten und Gesetzen Gottes zu tun haben, sondern reines Menschenwerk, also Priesterwerk sind.

Jesus von Nazareth steht kompromisslos, konsequent und absolut treu zu Gott, dem ewigen Vater. Er steht für die ewige geistige Heimat ein und spricht sinngemäß zu allen Menschen: „Ich Bin gekommen, um euch frei zu machen."

*„Die Wahrheit wird euch frei machen!"*

Jesus von Nazareth hat zeit seines Erdenlebens ohne Umschweife über die dunklen Machenschaften der Priesterkaste aufgeklärt und die Befreiung des Volkes von aller Priesterhierarchie angekündigt. Schwarz auf weiß lesen wir in den Evangelien: *Die Wahrheit wird euch frei machen* (Joh 8, 32) – das ist eine Seiner zentralen Aussagen.
Nicht nur nach heutigem Maßstab und mit heutigen Worten war und ist das eine geistige Kampfansage an die Priester aller Zeiten und aller Generationen!

Die Priester und Schriftgelehrten, die für sich selbst eine angebliche Vormachtstellung über das „gemeine" Volk beanspruchten, die die weltlichen Führer mit ihren Einflüsterungen beeinflussten, die sich satanisch-geschickt als Vermittler zwischen Gott und den Menschen in der Gesellschaft etabliert hatten – sie wurden von Jesus, dem Christus, der Blasphemie und des Betrugs überführt, und Jesus von Nazareth kündigte an, die willigen Menschen des Volkes von diesem Betrug zu befreien!

Vergegenwärtigen wir uns die Situation von damals, rund 2000 Jahre vor unserer Zeit: Wer, wie die Priesterkaste zu Jesu Zeiten, schon hunderte Jahre lang das Wort der wahren Gottespropheten des Alten Testaments missbraucht hatte, das Volk in die Irre führte und davon auch noch sehr gut lebte, der lässt es nicht gerne zu, dass seine erschwindelten Pfründe beschnitten werden.

Das Gleiche gilt für das scheinheilig erschlichene gesellschaftliche Ansehen, die angeblichen Würden und sonstigen Vorteile gegenüber dem Volk, welches dies dann auch noch bezahlen musste. Von den vielen weiteren materiellen Vorteilen, die die Priesterkaste schon immer bis in unsere Zeit hinein für sich beansprucht, gar nicht zu reden.

Kurz gesagt: Jesus von Nazareth wurde mehr und mehr zur religiösen „Konkurrenz" der Hohenpriester und Priester – und Er ist es bis heute. Bei den Menschen des Volkes war Er aber sehr beliebt. Also musste man diabolisch-verschlagen vorgehen, um Ihn aus dem Weg zu räumen: Zuerst durch Rufmord, indem man alle möglichen Lügen über Ihn verbreitete; dann durch Anstiftung zum Verrat; weiter durch den Hochverrat des von der

Priesterkaste gekauften Judas und schließlich durch falsche Anklage seitens des Hohenpriesters und der Schriftgelehrten mit anschließendem Justizmord: Jesus wurde nach vorausgegangener grausamer Folterung wie ein Schwerverbrecher hingerichtet.

*Priester gegen Propheten*

Die Geschichte beweist: Die Priesterkaste hat zu allen Zeiten alle wahren Gottespropheten auf das Äußerste bekämpft. Sie verfolgte, verleumdete und verspottete die wahren Gottesboten und ließ viele von ihnen umbringen, wie es bezüglich der Gottespropheten des Alten Bundes z.B. Jesaja oder Jeremia überliefert ist. Scheinheilig und intrigant haben die Erbnachfolger der Prophetenmörder dann auch Stephanus ermordet.
Und ausgerechnet dieser unerschrockene Nachfolger Jesu wurde später von der kirchlichen Priesterkaste zum Märtyrer und „Heiligen" erklärt und für die Zwecke der Priester vereinnahmt und missbraucht.

Auch Stephanus sprach die damaligen Religionsführer unumwunden an – und bezahlte diesen Mut, diese Geradlinigkeit und Gottestreue mit seinem Leben. Wenn es die politischen Zustände gestatten, lassen die Priester nicht mit sich spaßen und sind schnell mit dem Brudermord zur Hand. So ist es auch in der Bibel der Kirchen bezeugt. Stephanus sprach zu der Priesterkaste:
*Doch der Höchste wohnt nicht in dem, was von Menschenhand gemacht ist, wie der Prophet sagt: „Der Himmel ist mein Thron und die Erde der Schemel für meine Füße. Was für ein Haus könnt ihr mir bauen?", spricht der Herr. „Oder welcher Ort kann mir als Ruhestätte dienen? Hat nicht meine Hand dies alles gemacht?"* (Apg 7, 48 f.)

Hier steht also wortwörtlich in den Bibeln der Kirchen: „Der Höchste wohnt nicht in dem, was von Menschenhand gemacht ist." Warum haben die kirchlichen Priester dann aber wohl so viele Steinhäuser angeblich für Gott bauen lassen, allesamt „von Menschenhand gemacht"? Wenn der Höchste dort nicht wohnt, wie es die Bibel klar bezeugt, wer wohnt dann in diesen Häusern?

Und wem wird dann dort gedient? Wer Ohren hat zu hören, der höre! Wer Verstand hat, der gebrauche ihn.

Lesen wir weiter, was Stephanus der damaligen Priesterkaste vorhielt:
*Ihr Halsstarrigen, ihr, die ihr euch mit Herz und Ohr immerzu dem Heiligen Geist widersetzt, eure Väter schon und nun auch ihr. Welchen der Propheten haben eure Väter nicht verfolgt? Sie haben die getötet, die die Ankunft des Gerechten geweissagt haben, dessen Verräter und Mörder ihr jetzt geworden seid, ihr, die ihr durch die Anordnung von Engeln das Gesetz empfangen, es aber nicht gehalten habt. Als sie das hörten, waren sie aufs Äußerste über ihn empört und knirschten mit den Zähnen. Er aber, erfüllt vom Heiligen Geist, blickte zum Himmel empor, sah die Herrlichkeit Gottes und Jesus zur Rechten Gottes stehen und rief: Ich sehe den Himmel offen und den Menschensohn zur Rechten Gottes stehen. Da erhoben sie ein lautes Geschrei, hielten sich die Ohren zu, stürmten gemeinsam auf ihn los, trieben ihn zur Stadt hinaus und steinigten ihn. Die Zeugen legten ihre*

*Kleider zu Füßen eines jungen Mannes nieder, der Saulus hieß. So steinigten sie Stephanus; er aber betete und rief: Herr Jesus, nimm meinen Geist auf! Dann sank er in die Knie und schrie laut: Herr, rechne ihnen diese Sünde nicht an! Nach diesen Worten starb er. Saulus aber war mit dem Mord einverstanden.* (Apg 7, 51-60)

## Das sandige Fundament der Kirche

Es war derselbe Saulus, der später angeblich zum Paulus wurde. Paulus aber war niemals dem Menschen Jesus von Nazareth persönlich begegnet; er war zeit seines Lebens von der Prägung seiner römischen Erziehung und des rauen, brutalen Lebens als Christenverfolger beeinflusst. Charakterliche Wandlungen fallen nicht vom Himmel, sondern müssen von jedem Menschen mühsam erarbeitet werden. Gemeinsam mit Petrus, zu dem Jesus laut Bibel der Kirchen sprach: „Satan weiche von mir", und: „Ehe der Hahn kräht, wirst du mich drei mal verleugnen", bildet Paulus bis heute das sandige Fundament der Kirche.

Gott, der Ewige, hat zu allen Zeiten ausschließlich Propheten zu den Menschen gesandt. Er sandte keinen einzigen Priester, keinen Bischof und schon gar keinen Papst! Auch sandte Gott, der Ewige, keinen Saulus und keinen Petrus, um eine katholische Kirche zu gründen. Alles, was mit Priestertum zu tun hat, kommt von unten – das machte bereits Jesus, der Christus, deutlich, wie in der Bibel der Kirchen nachzulesen ist. Gott, der Ewige, sandte ausschließlich Propheten, und diese waren einfache Männer und Frauen des Volkes, so, wie auch Jesus von Nazareth selbst einfach und schlicht war.

*Der Mut des Jesus von Nazareth*

Stellen wir uns den jungen mutigen Mann des Volkes, Jesus von Nazareth vor, wie Er zu den angeblich ehrwürdigen Männern des Landes, den Priestern, Schriftgelehrten und Pharisäern sprach. Er entlarvte ihre scheinheilige Frömmigkeit, ihre Heucheleien und Gesetzesübertretungen, gemessen an den Zehn Geboten Gottes durch Moses.

Dies brachte für viele dieser Männer die Gefahr mit sich, ihr Ansehen, ihre so genannten Würden und somit eventuell auch ihre wirtschaftlichen Privilegien einzubüßen.

In den Überlieferungen bei Matthäus 23 finden wir Worte des Jesus von Nazareth gegen die Schriftgelehrten, Pharisäer und Priester. Und wir stellen noch einmal die Frage: Sind Ähnlichkeiten mit den Kirchenoberen und der Priesterkaste der heutigen Zeit Zufall? Entlarvt die eine oder andere Aussage des Jesus von Nazareth nicht auch die Priesterkaste von heute, gerade auch in Anbetracht nicht abreißender Kirchenskandale? Doch jeder kann sich selbst ein Bild machen.

Jesus von Nazareth lehrte das einfache Volk:
*Die Schriftgelehrten und die Pharisäer haben sich auf den Stuhl des Moses gesetzt. Tut und befolgt also alles, was sie euch sagen, aber richtet euch nicht nach dem, was sie tun; denn sie reden nur, tun selbst aber nicht, was sie sagen. Sie schnüren schwere Lasten zusammen und legen sie den Menschen auf die Schultern, wollen selber aber keinen Finger rühren, um die Lasten zu tragen. Alles, was*

*sie tun, tun sie nur, damit die Menschen es sehen: Sie machen ihre Gebetsriemen breit und die Quasten an ihren Gewändern lang, bei jedem Festmahl möchten sie den Ehrenplatz und in der Synagoge die vordersten Sitze haben, und auf den Straßen und Plätzen lassen sie sich gern grüßen und von den Leuten Rabbi (Meister) nennen. Ihr aber sollt euch nicht Rabbi nennen lassen; denn nur einer ist euer Meister, ihr alle aber seid Brüder. Auch sollt ihr niemand auf Erden euren Vater nennen; denn nur einer ist euer Vater, der im Himmel. Auch sollt ihr euch nicht Lehrer nennen lassen; denn nur einer ist euer Lehrer, Christus.* (Mt 23, 2-10)

Das war für die Menschen der damaligen Zeit ausgesprochen gewagt, außerordentlich mutig, ja geradezu verwegen. Ein junger Mann des Volkes, ein einfacher Handwerker, kritisiert die Priesterkaste, die Schriftgelehrten und Pharisäer, die Hohenpriester auf das Äußerste. Er rüttelt damit an den Fundamenten der althergebrachten heidnischen Traditionen, an den praktizierten Überlieferungen des Baalskultes, einschließlich des Tieropferkultes, der schon damals einer der größten wirtschaftlichen Faktoren in und um Jerusalem war! Und dieser mutige junge Mann spricht klar und unmissverständlich aus, dass die Priester sich faktisch selbst zu Propheten ernannt haben, wenn Er sagt, dass sie, die Theologen, sich „auf den Stuhl des Moses gesetzt" haben, des großen Propheten.

## *Jesus lehrte die Wahrheit der Himmel*

Jesus von Nazareth klärte aber nicht nur über die Machenschaften der Priester auf. Er brachte dem Volk die Wahrheit der Himmel, und Er lehrte das einfache Volk die Alternative zu den althergebrachten Priestertraditionen, damit dieses die Möglichkeit hatte, wahrhaft geistig zu reifen. Sein Anliegen war es, die Menschen aus der Irreführung durch eine machthungrige Priesterkaste und aus der Bindung an Blutopferkulte zu befreien und sie hinzuführen zu dem Einen Gott der Liebe, dem Freien Geist, dem Universalen Schöpfergott, der die All-Einheit ist.

Im Gegensatz zu den blutigen Opferkulten der Priesterkaste, die aus der Baalstradition stammen, lehrte Jesus von Nazareth uns Menschen den nahen Gott, den liebenden Vater, der inwendig in uns wohnt, in jeder Seele und in jedem Menschen, auch in allen Wesen der Natur, in den Tieren, den Pflanzen und Mineralien. Er lehrte: Es gibt kein Leben außer Gott!

Er, Jesus, der Christus, lehrte die Menschen, dass Gott Geist ist und dass es keinen Stillstand des Lebens gibt, also keinen Tod. Jesus lehrte, dass die Seele des Menschen nach dem Hinscheiden des Körpers weiteratmet, weiterlebt und dass der Mensch das erntet, was er gesät hat.

Weiter lehrte Er, dass die Seelen in neuen Körpern wiederkommen können, um das zu sühnen und wieder gutzumachen, was sie in diesem Erdenleben verursacht haben. Er lehrte also die Wiedergeburt der Seelen in das Fleisch, in einen neuen Menschenkörper – mit heutigen Worten: die Reinkarnation –, was abermals den Einfluss der Priesterkaste auf das Volk erheblich schmälerte.

Vor allem aber lehrte uns Jesus von Nazareth, der Christus, dass Gott, unser ewiger himmlischer Vater, Liebe ist, zu dem wir Menschen schlicht und einfach „Vater" sagen können und dass wir alle, alle Menschen und Seelen, im Urgrund unserer Seele himmlische Wesen sind, Geistwesen, die wieder zurückkehren werden in die ewigen Wohnungen, die von uns einst verlassen wurden. Er stellte insbesondere klar: Es gibt bei Gott keine ewige Verdammnis! Die Lehre der ewigen Verdammnis wurde von den Priestern erfunden. Denken wir dazu an die Worte des Jesus von Nazareth: „Ihr habt den Teufel zum Vater und er war ein Lügner von Anfang an."

Er, Jesus von Nazareth, lehrte uns Menschen das Gebet der Einheit, das Vater Unser. Mit diesem Gebet brachte Er uns nahe, dass es keine Priester als Vermittler zwischen Gott und den Menschen braucht. Der Priesterkult ist die heidnische Tradition von so genannten Priestern, Zauberern und teilweise Schamanen aus der Frühzeit der Menschen, der Steinzeit, aus dem Baalskult und dem Mithraskult. Es ist letztlich die Tradition des Gottes der Unterwelt.

Des Weiteren lehrte uns Jesus von Nazareth auch die Einheit von Mensch, Natur und Tieren. Seine Liebe und Seine Erlösertat gilt der ganzen Schöpfung, ausnahmslos. Seine Aufforderung an die Menschen heißt: Folget Mir nach! – Also tut das, was Ich, der Christus Gottes, euch vorlebte und lehrte! Lasst euch durch die Priester nicht täuschen!

Mit solchen sinngemäßen Worten der Wahrheit konfrontierte dieser überaus mutige junge Mann, Jesus von Nazareth, der Christus Gottes, die Priesterkaste, die Hohenpriester und die ihnen Hörigen im Volk. Aber mit diesen Worten der Wahrheit lehrte Er zugleich auch alle willigen Menschen des einfachen Volkes, die Seine Lehren erfassen konnten. Es heißt: Er lehrte und sprach mit Vollmacht und nicht wie die Schriftgelehrten und Pharisäer, also die Priesterkaste.

Dadurch, dass Er vielen Kranken und Leidenden Heilung brachte, schenkte Ihm das Volk mehr und mehr Glauben.

Diese geistig-göttlichen Fähigkeiten des Jesus von Nazareth, Sein erschlossenes, vom Gottesgeist durchdrungenes Bewusstsein, schmälerten den Einfluss der Priesterkaste auf das Volk ganz erheblich. Das weckte die Missgunst, die Feindschaft und den Neid bei der Priesterkaste immer mehr. Und als Er schließlich ihren teuflischen Machenschaften zu gefährlich wurde, schafften sie Ihn, wie gesagt, aus dem Weg.

Jesus von Nazareth verschenkte die Liebe Gottes durch selbstlose Taten an Seine Nächsten und Übernächsten, an Menschen, Natur und Tiere. Er klärte die Menschen, einerlei welchen Standes sie auch waren, über die ewigen Gesetze Gottes auf, soweit die Menschen bereit waren, diese anzunehmen.
Er sprach die innewohnende Seele in den Menschen an und lehrte sie den Heimweg in das Reich Gottes durch die schrittweise Erfüllung der Lehren Seiner Bergpredigt und durch die Erfüllung der Zehn Gebote Gottes durch Mose. Er lehrte die Menschen, dass es dazu weder der Priester, noch irgendwelcher Kulte, Zeremonien, Blutopfer und Tempelsteuern und auch keiner Tempelbauten bedarf.

Denn Gott, der Ewige, ist der Freie Geist. Er bindet nicht! So kann man verstehen, warum die Priesterkaste Jesus von Nazareth ermorden ließ, und auch, warum Er in den institutionellen Kirchen noch immer am Kreuz hängt.

*Es ist getan!*

Überliefert ist auch die folgende Aussage des Jesus von Nazareth in Seiner Bergpredigt:
*Denkt nicht, ich sei gekommen, um das Gesetz und die Propheten aufzuheben. Ich bin nicht gekommen, um aufzuheben, sondern um zu erfüllen.*
(Mt 5, 17)

Diese Aussage war der damaligen Priesterkaste geradezu unheimlich. Ja, bis heute darf das nicht sein, dass ein einfacher Mensch aus dem Volk öffentlich auftritt, der von Gott, dem Ewigen, dazu berufen ist, Prophet zu sein, um das ewige „Kosmische Gesetz der Nächstenliebe", das Jesus hier mit „Gesetz und die Propheten" meint, zu erfüllen, es die Menschen zu lehren und selbstlose

Taten, zu vollbringen – und dies alles außerhalb des Einflussbereiches der Priesterkaste!

Unmissverständlich lehrt Er weiter:
*„Alles, was ihr also von anderen erwartet, das tut auch ihnen. Darin besteht das Gesetz und die Propheten"* (Mt 7, 12)

Diese „Goldene Regel" der Bergpredigt, das ewige „Kosmische Gesetz der Nächstenliebe", ist also mit „Gesetz und Propheten" gemeint. Dazu braucht es weder Priester noch von Priestern und Schriftgelehrten erfundene Gesetzestexte. Doch es darf eben nach der Kirchenlehre bis heute nicht sein, dass die Menschen die Wahrheit der Himmel von wahren Gottespropheten erfahren und gelehrt bekommen und somit erkennen, *wem* die Priesterkaste dient und wem sie untertan und hörig ist!

Alle wahren Gottespropheten – so wie auch Jesus von Nazareth – waren und sind einfache und schlichte Menschen, ebenso wie die Menschen des Volkes. Sie alle sprachen zu allen Zeiten gegen die Priesterkaste und zeigten auf, welche kolossale Irreführung die Priester mit dem Volk treiben, auch wenn sie, die Priester, noch so leutselig daherkommen. „Ihr habt den Teufel zum Vater" – so zeigte Jesus von Nazareth, der mutige Mann des Volkes, dem Volk auf, was von der Priesterkaste zu halten ist.

Der ewige freie Geist der Liebe, der himmlische Vater, Gott, der Ewige, das kosmische Bewusstsein, sandte zu uns Menschen Seinen Sohn, den Mitregenten der Himmel, den Christus Gottes, der als Mensch in den Körper des Jesus von Nazareth inkarnierte, um Seinen großen Auftrag aus den Himmeln für das Reich Gottes, für den Erhalt der gesamten Schöpfung, als Mensch im Erdenkleid, zu erfüllen. Er, der Christus Gottes, kam in das Erdenkleid, um die ganze Schöpfung vor der Auflösung zu bewahren. Und Er hat es getan – trotz aller Teufeleien der Priesterkaste!

Bei Seinem „Vollbracht" am Kreuz löste Er aus Seinem göttlichen-geistigen Erbe einen großen Teil göttlicher Energie und gab jeder Seele und

jedem Menschen einen Teil dieser geistigen göttlichen Energie als unauslöschliche Stütze und Kraftquelle. Somit findet irgendwann jede Seele – und wenn sie sich noch so sehr belastet hat, auch jeder Priester – durch diese energetische, unauslöschbare Kraft, auch Erlöserfunken genannt, den Weg zurück in die ewige Heimat.
Das ist die Erlösertat des Jesus von Nazareth!

Doch der Martertod am Kreuz hätte nicht sein müssen, wenn die Menschen des Volkes, die Seine Lehren hörten, zu Ihm gestanden wären und begonnen hätten, Ihm nachzufolgen. Stattdessen musste Er den schrecklichen Kreuzweg erleiden, weil viele Menschen, damals wie heute, Fahnen im Wind sind, die heute „Hosianna" rufen und morgen „Kreuzigt ihn!". Der einzige Unterschied zu damals ist, dass sich viele dieser Fahnen im Wind heute „christlich" nennen.

*Äußere Religionen sind das Werk der Priester*

In Gott, dem Ewigen, gibt es keine äußeren Religionen. Alle äußeren Religionen sind Menschenwerk. Äußere Religionen sind von Priestern gewollt, nicht von Gott, dem Ewigen. Und auch nicht von Jesus, dem Christus!

Wir haben bereits dargelegt, dass das Bild, das der Menschheit von Jesus von Nazareth übermittelt wird, vielfach irreführend ist. Jesus verkörperte wohl die Gottes- und Nächstenliebe, doch Er stand auch unerschrocken für die Wahrheit und Gerechtigkeit ein. Er war ein geradliniger, überaus mutiger junger Mann, der treu zu Gott, Seinem Vater, hielt und nicht duldete, dass die Wahrheit verdreht wurde.
Wir erwähnten auch schon einige Seiner klaren Aussagen gegenüber der damaligen Priesterkaste. Er durchschaute ihr geistiges Unvermögen, ihre Falschmünzerei und Boshaftigkeit. Mit jedem Seiner Worte, mit jeder Seiner Taten entlarvte Er sie und machte ihr falsches Spiel, ihren Etikettenschwindel, vor dem Volk sichtbar.

Jesus von Nazareth lehrte die Menschen, dass es keine Priester als Mittler zwischen Gott und den Menschen braucht, und auch keine Tieropfer, denn dieser Blutkult war und ist die heidnische Tradition aus der Steinzeit, aus dem Baalskult, die Tradition des Gottes der Unterwelt. Die Menschen und Seelen selbst, so lehrte Jesus von Nazareth, sind der Tempel Gottes, und wir sollen unseren eigenen Tempel reinigen, indem wir unser sündhaftes Denken, Reden und Tun bereinigen, also einer höheren Ethik und Moral opfern, damit wir wieder als reine Töchter und Söhne Gottes heimkehren können in das ewige Vaterhaus.

Wie viel Mut und Kraft braucht es, wie viel Gottesliebe, um die priesterlichen Lenker des Volkes als satanisch geprägt zu entlarven! Dieser mutige junge Mann, Jesus, hat sie in ihren Grundfesten erschüttert, so dass die Schriftgelehrten und Pharisäer, die Priester und die Tempeloberen, die Hohenpriester, den von ihnen bezahlten Hochverrat und den anschließenden Justizmord an dem Sohn Gottes als einzigen Ausweg sahen, um ihre Macht über das Volk zu behalten!

## *Die Hoheitslehre der Bergpredigt*

Immer wieder lehrte Er, Jesus von Nazareth, die Menschen Auszüge aus den Gesetzen Gottes, für ein rechtschaffenes Leben auf Erden. Diese sind überliefert in der Bergpredigt des Nazareners. In der Überlieferung heißt es über Jesus:
*Er zog in ganz Galiläa umher, lehrte in den Synagogen, verkündete das Evangelium vom Reich (Gottes) und heilte im Volk alle Krankheiten und Leiden. Und sein Ruf verbreitete sich in ganz Syrien. Man brachte Kranke mit den verschiedensten Gebrechen und Leiden zu ihm, Besessene, Mondsüchtige und Gelähmte, und er heilte sie alle. Scharen von Menschen aus Galiläa, der Dekapolis, aus Jerusalem und Judäa und aus dem Gebiet jenseits des Jordan folgten ihm.* (Mt 4, 23-25)

Jesus von Nazareth sprach Seine Worte der ewigen Wahrheit in eine Gesellschaft hinein, die von einer äußeren militärischen Macht, den Römern, kontrolliert wurde. Ein Menschenleben galt damals wenig. Ein nennenswerter gesellschaftlicher Mittelstand war nicht vorhanden. Wenigen sehr reichen Menschen standen viele hart arbeitende einfache Menschen gegenüber, die für ihr tägliches Brot so manches auf sich nehmen mussten. Brutalität und Machtstreben, Aufstände, Gewalt und Kriege, aber auch große Armut, Krankheiten und Seuchen, Leid, Elend und Not waren für viele Menschen an der Tagesordnung.

Allen Schichten des Volkes, allen Menschen, die unter der Knute der barbarischen Söldner Roms lebten, brachte Jesus von Nazareth die hohen geistigen Lehren Seiner Bergpredigt, die Auszüge aus den Gesetzen der ewigen Heimat sind. Er sprach in ihre wunden Herzen hinein. Viele Zuhörer wurden durch Seine Worte in der Seele berührt, und sie begannen, an Ihn zu glauben und schrittweise das zu tun, was Er lehrte. Sie begannen, die „geistige Revolution der Friedfertigkeit" zu leben!

In den Seligpreisungen des Jesus von Nazareth finden wir eine Zusammenfassung Seiner Lehre der Friedfertigkeit:
*Selig, die keine Gewalt anwenden; denn sie werden das Land erben.*

*Selig, die hungern und dürsten nach der Gerechtigkeit; denn sie werden satt werden.*

*Selig die Barmherzigen; denn sie werden Erbarmen finden.*

*Selig, die ein reines Herz haben; denn sie werden Gott schauen.*

*Selig, die Frieden stiften; denn sie werden Söhne Gottes genannt werden.*

*Selig, die um der Gerechtigkeit willen verfolgt werden; denn ihnen gehört das Himmelreich.*

*Selig seid ihr, wenn ihr um meinetwillen beschimpft und verfolgt und auf alle mögliche Weise verleumdet werdet.*

*Freut euch und jubelt: Euer Lohn im Himmel wird groß sein. Denn so wurden schon vor euch die Propheten verfolgt.* (Mt 5, 5-10)

Jesus von Nazareth lehrte weiter:
*Denkt nicht, ich sei gekommen, um das Gesetz und die Propheten aufzuheben. Ich bin nicht gekommen, um aufzuheben, sondern um zu erfüllen. Amen, das sage ich euch: Bis Himmel und Erde*

*vergehen, wird auch nicht der kleinste Buchstabe des Gesetzes vergehen, bevor nicht alles geschehen ist. Wer auch nur eines von den kleinsten Geboten aufhebt und die Menschen entsprechend lehrt, der wird im Himmelreich der Kleinste sein. Wer sie aber hält und halten lehrt, der wird groß sein im Himmelreich.* (Mt 5, 17-19)

*Alles, was ihr also von anderen erwartet, das tut auch ihnen! Darin besteht das Gesetz und die Propheten. Geht durch das enge Tor! Denn das Tor ist weit, das ins Verderben führt, und der Weg dahin ist breit, und viele gehen auf ihm. Aber das Tor, das zum Leben führt, ist eng, und der Weg dahin ist schmal, und nur wenige finden ihn.* (Mt 7, 12-14)

Wer denkt bei dem breiten Weg, auf dem viele gehen, nicht an die Institutionellen Amtskirchen mit ihren Riten, Kulten, Priestern und dergleichen? Wer denkt nicht an die vielen Lemminge, die den blinden Führern einfach folgen?

*An ihren Früchten werdet ihr sie erkennen. Erntet man etwa von Dornen Trauben oder von Disteln Feigen? Jeder gute Baum bringt gute Früchte her-*

*vor, ein schlechter Baum aber schlechte. ... Jeder Baum, der keine guten Früchte hervorbringt, wird umgehauen und ins Feuer geworfen. An ihren Früchten also werdet ihr sie erkennen.* (Mt 7, 16-20)

*Wer diese meine Worte hört und danach handelt, ist wie ein kluger Mann, der sein Haus auf Fels baute. Als nun ein Wolkenbruch kam und die Wassermassen heranfluteten, als die Stürme tobten und an dem Haus rüttelten, da stürzte es nicht ein; denn es war auf Fels gebaut.*
*Wer aber meine Worte hört und nicht danach handelt, ist wie ein unvernünftiger Mann, der sein Haus auf Sand baute. Als nun ein Wolkenbruch kam und die Wassermassen heranfluteten, als die Stürme tobten und an dem Haus rüttelten, da stürzte es ein und wurde völlig zerstört. Als Jesus diese Rede beendet hatte, war die Menge sehr betroffen von seiner Lehre; denn er lehrte sie wie einer, der (göttliche) Vollmacht hat, und nicht wie ihre Schriftgelehrten.* (Mt 7, 24-29)

Mit heutigen Worten gesprochen war das wahrlich eine Aufforderung zur friedlichen Revolution. Das war gegen alle traditionellen Gesetze und gegen jegliche Traditionen gesprochen, gegen alles, was die Priesterkaste lehrte. Es war die Sprache des Herzens, hineingesprochen in eine raue Welt der Unterdrückung und Brutalität und der Blutopferkulte im Tempel. Die Sprache des Herzens, zu der die Priesterkaste nicht im Entferntesten in der Lage war, weil ihr das geistige Bewusstsein dazu fehlte.

Wie ist es heute? Bis zum heutigen Tag wird die Bergpredigt Jesu von Kirchenoberen zur Utopie herabgewürdigt und zu einer Vision einer fernen zukünftigen Welt uminterpretiert, nicht aber als Maßstab für unser heutiges Denken, Reden und Tun angewendet.

## *Die Goldene Regel*

Greifen wir noch einmal einige Aussagen auf. Jesus sagte:
*Denkt nicht, ich sei gekommen, um das Gesetz und die Propheten aufzuheben. Ich bin nicht gekommen, um aufzuheben, sondern um zu erfüllen.* (Mt 5, 17)
*Alles, was ihr also von anderen erwartet, das tut auch ihnen! Darin bestehen das Gesetz und die Propheten.* (Mt 7, 12)

Diese Aussage, die auch als „Goldene Regel" bezeichnet wird, steht, wie leicht zu erkennen ist, in krassem Widerspruch zu allem, was die Priesterkaste für sich als Status beansprucht und wie sie sich dem Volk gegenüber verhält. Und Jesus von Nazareth erklärte: *Darin besteht das Gesetz und die Propheten.*
Das heißt für das Volk und für die Priesterkaste, dass alle ihre äußeren Zeremonien, Dogmen, Kulthandlungen, Tempelgesetze und Blutopfer nichts gelten. Gar nichts. Alles, was die Priester zu bieten haben, ist hohle Zauberei. Es bedeutet, dass ihre

Kulte und Zeremonien rein gar nichts nützen, um Gott näher zu kommen, ja, letztlich dass sie selbst, die Priester, absolut überflüssig sind und in keiner Weise gebraucht werden, wenn es darum geht, dass die Menschen Gott näher kommen.

*Alles, was ihr (also alle Menschen) von anderen erwartet, das tut auch ihnen. Darin bestehen das Gesetz und die Propheten.* Punkt – aus! Da steht nichts von Priestern! Für diese Lebensanweisungen des Jesus von Nazareth braucht es wahrlich keine Priesterkaste. Das gilt bis heute! So steht es in der Bibel!

Diese wenigen Aussagen des Jesus von Nazareth bedeuteten aber schon Sein Todesurteil.
Von Beginn Seiner Lehrjahre an wartete die Priesterkaste nur darauf, dass Jesus von Nazareth „Fehler" machte, damit Er wegen „Gotteslästerung" angeklagt werden könnte – um Ihn dann zu vernichten. Oftmals konnte Er den Nachstellungen der Priesterkaste nur entgehen, weil die Hand Gottes Ihn, Jesus von Nazareth, für Seine Feinde unsichtbar machte.

Wir können es in den Überlieferungen an verschiedenen Stellen nachlesen. Aber immer wieder belehrte Er das Volk über die geistige Verwahrlosung und letztlich die Gesetzlosigkeit der damaligen Priesterkaste.

Jesus sprach: *Darum sage ich euch: Wenn eure Gerechtigkeit nicht weit größer ist als die der Schriftgelehrten und der Pharisäer, werdet ihr nicht in das Himmelreich kommen.* (Mt. 5, 20)

Diese Anklage ist zwar sehr vornehm ausgedrückt, hat es aber dennoch in sich, zeigt sie doch anschaulich auf, dass die Priesterkaste mit dem Einen Gott der Liebe nichts zu tun hat und ihre Ungerechtigkeit übergroß ist. Das einfache Volk wird aufgefordert, weit mehr Gerechtigkeit walten zu lassen als die Priester, die sich als Mittler zwischen Gott und den Menschen aufspielen! Das war wiederum eine unglaubliche Provokation und Demaskierung.

*Alle Gottespropheten sprachen
gegen die Priester*

Einige der Gottespropheten, auf die Jesus von Nazareth Bezug nahm, bezogen ebenfalls klar Stellung, was die Priester betraf. Auszugsweise wollen wir hier die Gottespropheten Jesaja und Hosea zu Wort kommen lassen.

Lesen wir zunächst, was der Gottesprophet Jesaja unter anderem zu den Priestern sprach:

*Ihr habt gesagt: Wir haben mit dem Tod ein Bündnis geschlossen, wir haben mit der Unterwelt einen Vertrag gemacht. Wenn die Flut kommt, erreicht sie uns nicht; denn wir haben unsere Zuflucht zur Lüge genommen und uns hinter der Täuschung versteckt.* (Jes 28, 15)

An anderer Stelle spricht Jesaja:

*Sie sind ein trotziges Volk, missratene Söhne, Söhne, die auf die Weisung des Herrn nicht hören. Sie sagen zu den Sehern: Seht nichts!, und zu den Propheten: Erschaut für uns ja nicht, was wahr ist, sondern sagt, was uns schmeichelt, erschaut für uns das, was uns täuscht.* (Jes 30, 9 f.)

Und der Gottesprophet Jesaja zeigte der Priesterkaste deutlich auf:

*Was zwischen euch und eurem Gott steht, das sind eure Vergehen; eure Sünden verdecken sein Gesicht, so dass er euch nicht hört. Denn eure Hände sind mit Blut befleckt, euere Finger mit Unrecht. Eure Lippen lügen, eure Zunge flüstert Bosheit. Keiner bringt gerechte Klagen hervor, keiner hält ehrlich Gericht. Man stützt sich auf Nichtigkeiten und stellt haltlose Behauptungen auf; man geht schwanger mit Unheil und bringt Verderben zur Welt. ... Sie laufen dem Bösen nach, schnell sind sie dabei, unschuldiges Blut zu vergießen. Ihre Gedanken sind Gedanken des Unheils, Scherben und Verderben sind auf ihren Straßen. Den Weg des Friedens kennen sie nicht, auf ihren Spuren gibt es kein Recht. Sie gehen krumme Pfade; keiner, der ihnen folgt, lernt den Frieden kennen.* (Jes 59, 2-8)

Im Buch Hosea heißt es wie folgt gegen die Priester:

*Hört das Wort des Herrn ... Denn der Herr erhebt Klage gegen die Bewohner des Landes: Es gibt keine Treue und keine Liebe und keine Gotteserkenntnis im Land. Nein, Fluch und Betrug, Mord, Diebstahl und Ehebruch machen sich breit, Bluttat reiht sich an Bluttat. ...*

*Doch nicht irgendeiner wird verklagt, nicht irgendwer wird gerügt, sondern dich, Priester, klage ich an. ... Mein Volk kommt um, weil ihm die Erkenntnis fehlt. ... Du hast die Weisung deines Gottes vergessen; deshalb vergesse auch ich deine Söhne. Je mehr sie wurden, umso mehr sündigten sie gegen mich. Ihre Ehre tauschen sie ein gegen Schande. Sie nähren sich von der Sünde meines Volkes und sind gierig nach seinen ruchlosen Opfern. ... Der Opferwein raubt meinem Volk den Verstand: Es befragt sein Götzenbild aus Holz, von seinem Stock erwartet es Auskunft. Ja, der Geist der Unzucht führt es irre. Es hat seinen Gott verlassen und ist zur Dirne geworden. Sie feiern Schlachtopfer auf den Höhen der Berge, auf den Hügeln bringen sie Rauchopfer dar, unter Eichen, Storaxbäumen und Terebinthen, deren Schatten so angenehm ist. So werden eure Töchter zu Dirnen, und eure Schwiegertöchter brechen die Ehe. ... sie (die Priester) selbst gehen mit den Dirnen beiseite, mit den Weihedirnen feiern sie Schlachtopfer. So kommt das unwissende Volk zu Fall.* (Hos 4, 1-14)

Diese Aussagen der Gottespropheten Jesaja und Hosea machen mehr als deutlich, dass Gott schon immer Propheten zu den Menschen sandte, um sie von der Priesterkaste zu erlösen. Gegen die Priesterkaste sprachen übrigens auch alle anderen hier nicht zitierten wahren Gottespropheten. Daran erinnerte auch Jesus von Nazareth die Theologen und Priester Seiner Zeit. Er wies darauf hin, dass Er gekommen ist, die Gesetze zu erfüllen, die durch die Propheten des Alten Bundes auf die Erde kamen, und auch, um zu erfüllen, was für Ihn, den Messias, angekündigt war.

*Wer tut dem Himmelreich Gewalt an?*

Kommen wir zu weiteren Berichten über das Leben und Wirken des Jesus von Nazareth. In den Überlieferungen heißt es:
*Da brachte man auf einer Tragbahre einen Gelähmten zu ihm. Als Jesus ihren Glauben sah, sagte*

*er zu dem Gelähmten: Hab Vertrauen, mein Sohn, deine Sünden sind dir vergeben! Da dachten einige Schriftgelehrte: Er lästert Gott. Jesus wusste, was sie dachten, und sagte: Warum habt ihr so böse Gedanken im Herzen? Was ist leichter, zu sagen: Deine Sünden sind dir vergeben!, oder zu sagen: Steh auf und geh umher? Ihr sollt aber erkennen, dass der Menschensohn die Vollmacht hat, hier auf der Erde Sünden zu vergeben. Darauf sagte er zu dem Gelähmten: Steh auf, nimm deine Tragbahre, und geh nach Hause! Und der Mann stand auf und ging heim. Als die Leute das sahen, erschraken sie und priesen Gott, der den Menschen solche Vollmacht gegeben hat.* (Mt 9, 1-8)

Weiter steht in den Überlieferungen:
*Als Jesus in das Haus des Synagogenvorstehers kam und die Flötenspieler und die Menge der klagenden Leute sah, sagte er: Geht hinaus! Das Mädchen ist nicht gestorben, es schläft nur. Da lachten sie ihn aus. Als man die Leute hinausgedrängt hatte, trat er ein und fasste das Mädchen an der Hand; da stand es auf.* (Mt 9, 23-25)

An einer anderen Stelle heißt es:
*Als sie gegangen waren, brachte man zu Jesus einen Stummen, der von einem Dämon besessen war. Er trieb den Dämon aus, und der Stumme konnte reden. Alle Leute staunten und sagten: So etwas ist in Israel noch nie geschehen. Die Pharisäer aber sagten: Mit Hilfe des Anführers der Dämonen treibt er die Dämonen aus.* (Mt 9, 32-34)

Jesus lehrte:
*Seit den Tagen Johannes' des Täufers bis heute wird dem Himmelreich Gewalt angetan; die Gewalttätigen reißen es an sich. ... Dann begann er den Städten, in denen er die meisten Wunder getan hatte, Vorwürfe zu machen, weil sie sich nicht bekehrt hatten.* (Mt 11, 12-20)

Diese Aussage des Jesus von Nazareth gilt auch für die heutige Zeit. Bis heute wird dem Himmelreich Gewalt angetan. Die Gewalttätigen reißen es an sich! Das zeigt der Zustand dieser Welt. Doch wer segnete und segnet die Handlungsweisen der Gewalttätigen? Wer? – Schauen wir in unsere Welt! Obwohl sich viele Menschen christlich nennen, allen voran die institutionellen Kirchen, wird dem Himmelreich Gewalt angetan. Fast nirgends, wo „christlich" draufsteht, ist – mit einfachen Worten gesprochen – auch „christlich" drin.

Das gilt für viele sich christlich nennende Politiker und so genannte Mächtige aus der Gesellschaft und für die Kirchen und das Papsttum im Besonderen. Was haben die Kirchen und das Papsttum aus der Lehre des Friedefürsten Jesus von Nazareth gemacht? Anmaßend – und die Blasphemie auf den Gipfel treibend – nennen sie sich „Stellvertreter Christi", obwohl Jesus von Nazareth zu den Priestern sprach:

*Ihr aber sollt euch nicht Rabbi nennen lassen; denn nur einer ist euer Meister, ihr alle aber seid Brüder. Auch sollt ihr niemand auf Erden euren Vater nennen; denn nur einer ist euer Vater, der im Himmel.*
(Mt 23, 8 f.)

Warum gibt es dann überhaupt einen Papst, einen so genannten „Heiligen Vater", noch dazu mit dem Anspruch, der „Stellvertreter Christi" zu sein – und damit nach katholischer Lehre der „Stellvertreter Gottes"? Es gibt nichts, was eine solche Anmaßung rechtfertigen würde. Immer mehr Menschen erfassen in der Tiefe, was das Papsttum darstellt, und erkennen: Unzählige Worte der Päpste verhallen, weil sie die Herzen der Menschen nicht im Innersten berühren können, und sie werden den Päpsten, Kardinälen, Bischöfen und Priestern zu Mühlsteinen, die sie hinabziehen in die Abgründe dessen, dem sie dienen. Denn Gott lässt Seiner nicht spotten!

Gerade die Päpste haben eine fast 2000-jährige geschichtliche Spur von Blutorgien und Gewalt-Exzessen hinterlassen, eine Spur von Mord und Totschlag, von Intrigen und Machtkämpfen, Kriegen und reinen Vernichtungsfeldzügen gegen wehrlose Menschen, gegen unschuldige Männer, Frauen und Kinder, Kranke und Greise, Sklaven, Indianer und Andersgläubige: im Saldo eine Schuld von ungeheurem, unvorstellbarem Ausmaß vor Gott, dem Ewigen! Wer in der „Kriminalgeschichte des Christentums" von Karlheinz Deschner und in weiteren Büchern nachliest, der wird rasch feststellen, dass diese Aussage sogar noch untertrieben ist.

Eine derartige Schuld spricht dem Papsttum und der Kurie im Grunde jegliche Legitimation ab, über Jesus, den Christus, auch nur *ein* Wort sagen zu dürfen, geschweige denn, auch nur einen Menschen im Namen des Christus Gottes belehren zu wollen. Nach dem Hinscheiden ihres Leibes werden viele von ihnen, wie ihre Vorgänger, nur arme Seelen sein und in den jenseitigen Stätten der Reinigung das zu tragen haben, was sie verursacht haben. Denn das Prinzip „Was der Mensch sät, wird er ernten" gilt für alle gleichermaßen. Gott ist Gerechtigkeit und nicht das käufliche Recht einer Priesterkaste, welche Jesus von Nazareth in ihrer eigenen Bibel anklagt, dass sie „den Teufel zum Vater" hat.

*Das damalige Jerusalem – ein brisanter Ort*

Jesus von Nazareth hat es wahrlich mehr als verdient, dass Sein Name rehabilitiert und Sein überaus mutiges und couragiertes Leben und Wirken gegen die Priesterkaste wahrheitsgemäß dargestellt wird.

Der Name „christlich" wurde und wird besonders von den Kirchen für ihre Zwecke vereinnahmt. Statt den Menschen die Lehren des Jesus von Nazareth nahezubringen und selbst danach zu leben, erdachten sündhafte Priester ein Dogmengebäude sowie Riten und Kulte, Zeremonien, Weihrauch und „Zauber", womit sie die Völker indoktrinierten.

Mit einem Jesu-Babylein im Krippelein und einem toten Mann am Kreuz, beide auf ewig zum Schweigen verdammt, wird das Volk eingelullt und an äußere Zeremonien gebunden. Das alles ist satanischer Etikettenschwindel unter dem Deckmantel des Namens Christus – und Gott, dem Ewigen, ein Gräuel.

Jesus von Nazareth war im wahrsten Sinne ein außerordentlich mutiger junger Mann, der mit geistiger Vollmacht sprach und Seinen Worten Taten folgen ließ. Er war ein geistiger Revolutionär, der die Wahrheit der Himmel auf die Erde brachte, auch wenn das der Priesterkaste und den Mächtigen der Völker zutiefst zuwider war – und bis heute ist.

Als Mensch musste Er all das tragen und ertragen, was Seine Mitmenschen Ihm zumuteten, auch wenn Seine Seele und Sein Bewusstsein eins waren mit Gott, dem Ewigen, unserem himmlischen Vater. Wie überaus mutig und geradlinig dieser junge Mensch Jesus von Nazareth war, kann uns bewusst werden, wenn wir uns das Jerusalem zur Zeit von Jesus vor Augen führen.

Jerusalem war eine jüdische Pilgerstadt, und der Tempel war ihr alles beherrschendes Zentrum. Der Tempel von Jerusalem war aber noch weit mehr: Er war vor allem die Quelle des Wohlstands von Jerusalem. Und nur im Tempel von Jerusalem durfte der von der Priesterkaste verlangte Tier-Opferkult ausgeübt werden.

In der Zeitschrift „Spiegel Geschichte" (Nr. 6/2011) wurde einiges über das Jerusalem der Zeit Jesu recherchiert und anschaulich berichtet (S. 54 ff.). Einige Stellen daraus wollen wir hier auszugsweise wiedergeben:
*Die Bergstadt in Judäa war mit 40 000 bis 120 000 Einwohnern verhältnismäßig klein.*

Heutige Forscher sprechen von mindestens 100 000 Pilgern, die jährlich zum wichtigsten Wallfahrtsfest, dem bekannten Passahfest, nach Jerusalem reisten. „Der Spiegel" beschreibt auch die Ausmaße des Tieropferkultes. Am Tempel vorbei, wo die Tiere geopfert wurden, führte die Cloaca maxima, der Hauptabwasserkanal, hinunter ins Kidrontal am Fuß des heiligen Berges Moria.
*Zum Fest bot sich hier Besuchern die schaurige Kehrseite des Opferkultes im Tempel. Während droben in der Stadt 200 000 Gläubige die wohl größten Grillfeste der Geschichte feierten ..., strömte aus dem Abwasserkanal das Blut von mindestens 5000 Schafen, die auf dem Tempelberg seit Mittag geschlachtet worden waren. Schätzungsweise 23 000 Liter Blut sollen ins Kidrontal geflossen sein.*

Während der Wallfahrtfeste in Jerusalem bildeten sich vor den Stadtmauern weitläufige Zeltstädte. Die Pilger, die innerhalb der Stadt keine Unterkunft fanden, schlugen ihr Lager deshalb auf den Hügeln der Umgebung auf. In Jerusalem gab es damals Hunderte von Synagogen, die den Pilgern nachts als kostenlose Herberge dienten, *denen man ja kein Geld für die Übernachtung abnehmen durfte. Stattdessen schenkten sie ihren Gastgebern das Fell eines Opfertieres.*

Jerusalem war eine reiche Stadt. Zentrum des Wohlstands war der Tempel, an den die Juden außerhalb Jerusalems eine Steuer entrichteten. Aus dem Reichtum des Tempels wurden gewaltige Bauprojekte finanziert. Der Tempel war auch der wichtigste Arbeitgeber. Es gab Monopole für das Backen der Schaubrote, für die Herstellung von Gefäßen für den Opferkult oder die Lieferung von Holz. Für die Bauern und Hirten der Umgebung war der Verkauf von Tieren an die Pilger eine sichere Einnahmequelle. Im Tempel wurde nur eine Währung angenommen – ebenfalls eine sichere Einnahmequelle, diesmal für die Geldwechsler.

Der Palast des Herodes galt damals als einer der prunkvollsten Bauten des römischen Reiches – aber selbst er konnte nicht mit dem Tempel, der ein Siebtel der Stadtoberfläche einnahm, konkurrieren.

„Der Spiegel" beschreibt das Treiben im Tempel folgendermaßen:
*Im Vorhof, der auch Nicht-Juden offen stand, „ging es wahrscheinlich ziemlich fröhlich zu". ... Es war ein reges Treiben: Geldwechsler warben um Kundschaft, Opfertiere blökten ängstlich. ... Die Armen brachten Turtel- und Feldtauben, Wohlhabende zerrten ein Rind, Schaf oder eine Hausziege hinter sich her. Opfer dienten oft der Buße, und die Opfergaben waren genau geregelt. ... Der erste Wurf eines Tieres wurde den Priestern geweiht."*
Die Pilger betraten den Innenhof des Tempels durch eines der neun vergoldeten und versilberten Tore. Dort erlebten sie den Opferkult, der nur im Tempel von Jerusalem ausgeführt werden durfte. Die Priester nahmen nur fehlerfreie Opfertiere an, die sie festbanden und dann schächteten. Nach dem Blutvergießen verbrannten sie die Innereien und das Fett auf dem Altar. Vom Rest des Tieres verspeisten sie selbst den einen Teil; die Opfernden durften den anderen Teil verzehren.

## Gottespropheten gegen Tieropfer

„Der Spiegel" klärt aber auch darüber auf, dass der Opferkult schon damals umstritten war, und zitiert die Propheten des Alten Bundes:
*Nicht nur Jesus stieß sich daran, schon Jesaja wetterte Jahrhunderte zuvor. „Ich bin satt der Brandopfer von Widdern und des Fettes von Mastkälbern und habe keinen Gefallen am Blut der Stiere, der Lämmer und Böcke." Kritische Geister fühlten sich von den politischen Intrigen im Tempel abgestoßen, sie bemängelten den Kult als Heuchelei. „Das Räucherwerk ist mit ein Gräuel!" sprach Jesaja im Namen Gottes: „Und wenn ihr auch viel betet, höre ich euch doch nicht; denn eure Hände sind voll Blut." Jesaja riet: „Wascht euch, reinigt euch, lasst ab vom Bösen! Lernt Gutes tun, trachtet nach Recht, helft den Unterdrückten."*

Den Bewohnern von Jerusalem klang das vermutlich wie eine Drohung, so „Der Spiegel". Doch weiter heißt es dort:
*Der Popularität Jerusalems und ihres Tempels tat das keinen Abbruch ... Nach den vorgeschriebenen*

*vier Gläsern Wein war die Stimmung ausgelassen fröhlich.*

In diese Situation, in diese Stadt, begab sich nun der Sohn Gottes, als Mensch Jesus von Nazareth, der junge mutige Mann des Volkes, um die Gesetzlosigkeit der Priesterkaste ein weiteres Mal aufzuzeigen, und um das Verbrechen an der Schöpfung Gottes, den Mord an den Tieren durch die Priesterkaste, diesen satanischen Blutopferkult, deutlich für das Volk sichtbar und erfassbar zu machen.

In den bekannten überlieferten Schriften lesen wir dazu sinngemäß: Als Er in Jerusalem einzog, geriet die ganze Stadt in Aufregung, und man fragte: Wer ist das? Die Leute sagten: Das ist der Prophet Jesus von Nazareth aus Galiläa. Jesus ging in den Tempel und trieb alle Händler und Käufer aus dem Tempel hinaus. Er stieß die Tische der Geldwechsler und die Stände der Taubenhändler um und sagte:

*In der Schrift steht: Mein Haus soll ein Haus des Gebetes sein. Ihr aber macht daraus eine Räuberhöhle.* (Mt 21, 13)

Das „Ihr aber" steht wiederum für die Hohenpriester und die Schriftgelehrten, für die ganze Priesterkaste und für sonst niemanden. Wer sonst hatte die Macht oder die Befugnis, Opferrituale anzuordnen und durchzuführen?

In der außerhalb der Bibel überlieferten Schrift „Das Evangelium Jesu"* steht über die Tempelreinigung Folgendes zu lesen:

*Das Passahfest ... war nahe, und Jesus zog wieder von Bethanien hinauf nach Jerusalem. Und Er fand im Tempel sitzen, die da Ochsen, Schafe und Tauben feil hatten und auch Geldwechsler. Da machte Er eine Geißel aus sieben Stricken und trieb sie alle zum Tempel hinaus. Er ließ die Schafe und Ochsen und die Tauben frei, schüttete den Wechslern das Geld aus und stieß die Tische um. Und Er sprach zu ihnen: Schafft all das hinaus und macht nicht Meines Vaters Haus zu einem Kaufhaus. Steht nicht geschrieben: Mein Haus soll ein Bethaus heißen für alle Völker? Ihr aber habt eine Diebeshöhle daraus gemacht und es mit allen möglichen Gräueln erfüllt.*

---

* Vollständig enthalten in: „Das ist Mein Wort. A und Ω. Das Evangelium Jesu", Gabriele-Verlag Das Wort

*Und Er duldete nicht, dass einer eine Schüssel voll Blutes durch den Tempel trug oder dass Tiere getötet würden.* (71, 1-4)

Denken wir an das eben geschilderte Jerusalem von vor 2000 Jahren. Diese Anklage und diese Tat war für die damalige Zeit eine weitere Provokation ohnegleichen. Die sinngemäße Aussage des Jesus von Nazareth: „Ihr macht daraus eine Räuberhöhle, eine Diebeshöhle, und habt sie mit allen möglichen Gräueln erfüllt", galt den Priestern mit ihrem ganzen Gefolge im Allgemeinen und den Hohenpriestern im Besonderen.

Der zentrale Punkt allen priesterlichen Lebens, der vor Reichtum und Pracht nur so strotzende Tempel, der ganze Stolz der Hohenpriester, wird von Jesus, dem Christus, zur „Räuberhöhle" erklärt, die mit „allen möglichen Gräueln" gefüllt ist – und Schuld daran tragen die Hohenpriester. Die größte Säulenhalle des „Römischen Reiches": nichts weiter als eine Räuberhöhle? Das war eine weitere mutige Aufklärung des Volkes, eine Demaskierung der Priester und ein direkter Angriff auf den Opferkult, auf die „Tradition" und vor allem auf die selbsternannte Herrlichkeit der Priester, aber auch ein Angriff auf die wirtschaftlichen Grundfesten des Tempels, des „Schlachthofs" von Jerusalem; ein Eklat, wie es ihn wohl noch niemals zuvor gegeben hatte; ein geistiges Erdbeben, das den Tempel von Jerusalem erschütterte und die Widersacher des Mannes aus Nazareth erneut auf den Plan rief.

Mit Seinen Aussagen demaskierte Jesus von Nazareth abermals die gesamte Priesterkaste und zeigte damit auf, dass das Priestertum in Wahrheit dem Götzen- und Opferkult des Heidentums diente, niemals aber Gott, dem Ewigen, dem Schöpfergeist, dem All-Geist, der das Leben in allem und allen ist, auch in der Natur und in den Tierreichen. Und zum Beweis, dass Er, Jesus von Nazareth, im Gegensatz zu der Priesterkaste, von Gott gesandt ist und ausschließlich das tut, was Sein Wille ist, diente Er im Tempel den Kranken und den Leidenden.

Dazu heißt es in den Überlieferungen der Bibel: *Im Tempel kamen Lahme und Blinde zu ihm und er heilte sie. Als nun die Hohenpriester und die Schriftgelehrten die Wunder sahen, die er tat, und die Kinder im Tempel rufen hörten: Hosanna dem Sohn Davids!, da wurden sie ärgerlich und sagten zu ihm: Hörst du, was sie rufen? Jesus antwortete ihnen: Ja, ich höre es. Habt ihr nie gelesen: Aus dem Mund der Kinder und Säuglinge schaffst du dir Lob?* (Mt 21, 14-16)


### Die „Moral" der Priesterkaste

Was für eine merkwürdige charakterliche Prägung muss man haben, wenn man darüber verärgert ist, dass Kranke geheilt werden? Umso schlimmer ist es, wenn diese Charaktere auch noch Religionsführer bzw. Priester sind. Doch das zeigte ihre wahre Gesinnung.

Lesen wir weiter:
*Da sagte Jesus zu ihnen* (den Theologen und Priestern)*: Amen, das sage ich euch: Zöllner und Dirnen gelangen eher in das Reich Gottes als ihr. Denn Johannes ist gekommen, um euch den Weg der Gerechtigkeit zu zeigen, und ihr habt ihm nicht geglaubt; aber die Zöllner und die Dirnen haben*

*ihm geglaubt. Ihr habt es gesehen und doch habt ihr nicht bereut und ihm nicht geglaubt.* (Mt 21, 31 f.)

*Als die Hohenpriester und die Pharisäer seine Gleichnisse hörten, merkten sie, dass er von ihnen sprach. Sie hätten ihn gern verhaften lassen; aber sie fürchteten sich vor den Leuten, weil alle ihn für einen Propheten hielten.* (Mt 21, 44-46)

Zöllner und Dirnen gelangen also eher in das Reich Gottes als ihr, sprach Jesus von Nazareth zu der Priesterkaste!!! Wie viele Ausrufezeichen muss man hinter diese Aussage des Jesus von Nazareth setzen, damit die Völker der Erde endlich aufwachen? Gerade die Missbrauchsskandale der Kirchen mit Abertausenden von geschändeten Kindern lassen da tief blicken und bestätigen die Aussage des Jesus von Nazareth in unseren Tagen aufs Neue.

Wieder und wieder entlarvte Jesus von Nazareth das perfide Treiben der religiösen Obrigkeiten und stufte die Zöllner und Dirnen als moralisch und ethisch sauberer als die Religionsführer ein, also über der verdorbenen Priesterkaste stehend. Eine weitere ungeheuerliche Provokation des selbstgefälligen und machtbesessenen Priestertums! Mit heutigen Worten gesprochen kann man annehmen: Sie, die Priester, müssen vor Wut geradezu geschäumt haben!

Fragen wir uns einmal vor dem Hintergrund der Kirchengeschichte und der laufend neu aufgedeckten Kirchenskandale, mit Abertausenden von Vergewaltigungen von Kindern durch Sexualverbrecher, die sich Priester nennen: Wo steht die Priesterkaste ethisch und moralisch heute? Fragen wir das angesichts der Tatsache, dass bis hoch hinauf zu den Kardinälen die Täter und die, die sie gedeckt haben, ausfindig gemacht wurden, ja, dass Papst Joseph Ratzinger selbst vor dem Internationalen Strafgerichtshof in Den Haag wegen des Verdachts der zigtausendfachen Vertuschung dieser abscheulichen Verbrechen an schutzbefohlenen Kindern angezeigt wurde: Wo steht die Priesterkaste ethisch und moralisch heute?

Wo finden sich da in dieser Zeit der Papst mit seinen Kardinälen, Bischöfen und Priestern wieder, wenn Zöllner und Dirnen laut Jesus von Nazareth eher in den Himmel kommen als die religiösen so genannten Würdenträger?
Jesus von Nazareth jedenfalls sagte über den Umgang mit Kindern: *Wer einen von diesen Kleinen, die an mich glauben, zum Bösen verführt, für den wäre es besser, wenn er mit einem Mühlstein um den Hals im tiefen Meer versenkt würde.* (Mt 18, 6)

Wenn wir nur die kleine Auswahl von Worten des Jesus von Nazareth, des Christus, ernst nehmen, die Er gegen die Priesterkaste, gegen die Schriftgelehrten und Pharisäer sprach, sollte man da nicht fragen:
Ist Jesus von Nazareth nicht auch gekommen, um das Priestertum abzuschaffen, jegliche äußere Religion, und das Schlachten und Aufessen der Tiere? Ist das nicht eine der zentralen Botschaften, die Jesus von Nazareth den Menschen brachte? Bedeutet das Leben des Jesus von Nazareth folglich nicht auch: Die Wahrheit wird euch frei

machen von den äußeren Religionen mit ihren Priestern, ihren Opferkulten und ihren Kirchen aus Stein?

Gott, die All-Liebe, ist Einheit von Mensch, Natur und Tieren. Gott, der Ewige, ist das Leben in allem und in allen. Gott, der Ewige, braucht keine Mittler, die sich Priester nennen, um sich Seiner Schöpfung mitzuteilen. Gott, der Ewige, ist inwendig in jeder Seele und in jedem Menschen und somit selbst in Seinen Kindern und Geschöpfen vertreten.

Gott, der Ewige, lässt sich von Priestern nicht in Hostien hinein verwandeln und in Häuser aus Stein sperren. Er lässt sich auch nicht von einem, geschichtlich betrachtet, verbrecherischen und selbstsüchtigen Papsttum und einer diesem hörigen Priesterkaste den Mund verbieten. Gott, der Ewige, sprach und spricht durch Prophetenmund zu allen Zeiten, wann und wo Er will, auch wenn das die Priesterkaste einschließlich der Päpste bis heute wider besseres Wissen leugnet, um die Macht über das Volk nicht zu verlieren.

Denn gerade für die selbsternannten „Heilsvermittler" mit ihren Kulten und dem ganzen religiösen Schaugepränge gilt das Wort des Jesus von Nazareth:
*Weh euch, ihr Schriftgelehrten und Pharisäer, ihr Heuchler! Ihr verschließt den Menschen das Himmelreich. Ihr selbst geht nicht hinein; aber ihr lasst auch die nicht hinein, die hineingehen wollen.* (Mt 23, 13)

Die Überlieferungen belegen eindeutig, dass Jesus von Nazareth ein beherzter junger Mann war, der die gottfernen Verhaltensweisen und Missstände der Mächtigen in Politik und Priesterkaste mehr als deutlich aufzeigte. Der sogar den Mächtigen ins Gesicht sagte, dass sie mit dem Teufel im Bunde stehen. Das steht so in der Bibel der Kirchen, doch es wird im so genannten institutionellen christlichen Jahreslauf tunlichst verschwiegen. Warum? Die Antwort darauf kann sich jeder wache Zeitgenosse selbst geben.

*Was offenbarte Jesus noch
über die damaligen Priester?*

Jesus, der Christus, sprach also deutliche Worte zu den Schriftgelehrten und Pharisäern, zu den damaligen Theologen. Wir wollen im Folgenden einige weitere der glasklaren Aussagen von Ihm, dem Christus Gottes, näher beleuchten. Ob Ähnlichkeiten mit heute lebenden Priestern und Kirchenoberen festzustellen sind, das mag wiederum jeder selbst beurteilen – etwa in den folgenden Jesus-Worten gegen die Schriftgelehrten und die Pharisäer, nachzulesen vor allem im 23. Kapitel des Matthäusevangeliums:

*Weh euch, ihr Schriftgelehrten und Pharisäer, ihr Heuchler! Ihr zieht über Land und Meer, um einen einzigen Menschen für euren Glauben zu gewinnen; und wenn er gewonnen ist, dann macht ihr ihn zu einem Sohn der Hölle, der doppelt so schlimm ist wie ihr selbst.* (Mt 23, 15)

*Da kamen die Jünger zu Ihm und sagten: Weißt du, dass die Pharisäer über deine Worte empört sind? Er antwortete ihnen: ... Lasst sie, es sind blinde*

*Blindenführer. Und wenn ein Blinder einen Blinden führt, werden beide in eine Grube fallen.* (Mt 15, 12-14)

*Nehmt euch in Acht vor den Schriftgelehrten! Sie bringen die Witwen um ihre Häuser und verrichten lange, scheinheilige Gebete. Aber umso härter wird das Urteil sein, das sie erwartet.* (Mk 12, 38-40)

Und weiter:
*Weh euch, ihr Schriftgelehrten und Pharisäer, ihr Heuchler! Ihr gebt den Zehnten von Minze, Dill und Kümmel und lasst das Wichtigste im Gesetz außer Acht: Gerechtigkeit, Barmherzigkeit und Treue. Man muss das eine tun, ohne das andere zu lassen. Blinde Führer seid ihr: Ihr siebt Mücken aus und verschluckt Kamele.*
*Weh euch, ihr Schriftgelehrten und Pharisäer, ihr Heuchler! Ihr haltet Becher und Schüsseln außen sauber, innen aber sind sie voll von dem, was ihr in eurer Maßlosigkeit zusammengeraubt habt. Du blinder Pharisäer! Mach den Becher zuerst innen sauber, dann ist er auch außen rein.*
*Weh euch, ihr Schriftgelehrten und Pharisäer, ihr Heuchler! Ihr seid wie die Gräber, die außen weiß*

*angestrichen sind und schön aussehen; innen aber sind sie voll Knochen, Schmutz und Verwesung. So erscheint auch ihr von außen den Menschen gerecht, innen aber seid ihr voll Heuchelei und Ungehorsam gegen Gottes Gesetz.*

*Weh euch, ihr Schriftgelehrten und Pharisäer, ihr Heuchler! Ihr errichtet den Propheten Grabstätten und schmückt die Denkmäler der Gerechten und sagt dabei: Wenn wir in den Tagen unserer Väter gelebt hätten, wären wir nicht wie sie am Tod der Propheten schuldig geworden. Damit bestätigt ihr selbst, dass ihr die Söhne der Prophetenmörder seid. Macht nur das Maß eurer Väter voll! Ihr Nattern, ihr Schlangenbrut! Wie wollt ihr dem Strafgericht der Hölle entrinnen?*

*Darum hört: Ich sende Propheten, Weise und Gesetzeslehrer zu euch; ihr aber werdet einige von ihnen töten, ja sogar kreuzigen, andere in euren Synagogen auspeitschen und von Stadt zu Stadt verfolgen.* (Mt 23, 23-34)

Jesus von Nazareth sprach also die Priesterkaste mit deutlichen Worten an, wie bereits angeführt:

*Du blinder Pharisäer! Mach den Becher zuerst innen sauber, dann ist er auch außen rein. Weh euch, ihr Schriftgelehrten und Pharisäer, ihr Heuchler! Ihr seid wie die Gräber, die außen weiß angestrichen sind und schön aussehen; innen aber sind sie voll Knochen, Schmutz und Verwesung.* (Mt 23, 26 f.)

Es sind diese direkten Aussagen, den Theologen und Priestern in das Gesicht gesprochen, die ausdrücken, wie geradlinig und konsequent Jesus von Nazareth die Dinge beim Namen nannte. Die Priester sind wie die Gräber, von außen weiß und schön anzusehen, von innen jedoch voll Knochen, Schmutz und Unrat. Für so einen Vergleich muss es drastische Gründe geben. Welche gravierenden Untaten müssen zugrunde liegen, dass der Sohn Gottes, Jesus von Nazareth, die Priester so deutlich anspricht? Das ist einzig in dem gottfernen Verhalten der Priester in der Geschichte der Menschheit begründet.

*Warum gibt es überhaupt Priester?*

Vielleicht verstehen wir jetzt immer besser, warum Jesus von Nazareth auf Betreiben der Priesterkaste ermordet wurde.

In diesem Zusammenhang drängt sich auch die Frage auf: Warum wird den Menschen von den Kirchenoberen immer wieder nur das Jesu-Kindlein in der Krippe und der tote Mann am Kreuz präsentiert?

Und: Haben wir uns schon einmal gefragt, weshalb es überhaupt Priester gibt, die sich „christlich" nennen, und einen so genannten Heiligen Vater in Rom, einen angeblichen Stellvertreter Jesu Christi, wenn doch Jesus, der Christus, ganz klar und deutlich das Gegenteil lehrte?

Wir lesen dazu in dem eben zitierten Abschnitt: *Ihr aber sollt euch nicht Rabbi nennen lassen –* heute könnte man sagen: ihr sollt euch nicht Pfarrer oder Hochwürden nennen lassen – *denn nur einer ist euer Meister, ihr alle aber seid Brüder. Auch sollt ihr niemand auf Erden euren Vater nennen; denn nur einer ist euer Vater, der im Himmel.*

*Auch sollt ihr euch nicht Lehrer nennen lassen; denn nur einer ist euer Lehrer, Christus.* (Mt 23, 8-10)

Warum also gibt es eine Priesterkaste, die sich als Vermittler zwischen Gott und den Menschen aufspielt, und einen so genannten Papst, der sich sogar „Heiliger Vater" nennen lässt? Auch diese Frage kann sich jeder denkende Mensch selbst beantworten, insbesondere, wenn er an das glaubt, was Jesus von Nazareth lehrte, und sich außerdem die Kirchengeschichte vor Augen führt. Es gibt im Reich Gottes keinen einzigen Heiligen. Einzig Gott, der Ewige, der das Leben ist, ist heilig. So findet es sich auch in der Bibel der Kirchen. Im 1. Buch Samuel steht klar und eindeutig:

*Niemand ist heilig, nur der Herr; denn außer dir gibt es keinen (Gott); keiner ist ein Fels wie unser Gott.* (1 Sam 2, 2)

Das ganze Brauchtum um die so genannten Heiligen, die vom jeweiligen Papst ernannt werden, gehört mit zu dem erfundenen Zauber der Priesterkaste. Doch kein Mensch kann einen anderen Menschen heilig sprechen. Wir wiederholen: Im Reich Gottes gibt es keinen einzigen Heiligen, heilig ist nur Gott, der Herr! Jesus von Nazareth sprach: Ihr aber alle seid Brüder. Er hat nicht davon gesprochen, dass sündige Menschen andere sündige Menschen heilig sprechen sollen!

In der Bibel der Kirchen sind von Jesus, dem Christus, wie wir zitiert haben, auch die Worte überliefert:
*Darum hört: Ich sende Propheten, Weise und Gesetzeslehrer zu euch; ihr aber werdet einige von ihnen töten, ja sogar kreuzigen, andere in euren Synagogen auspeitschen und von Stadt zu Stadt verfolgen.* (Mt 23, 34)

Die Verfolgung von so genannten „Ketzern" im Verlauf der Kirchengeschichte beweist, wie wahr Jesus von Nazareth zu der Priesterkaste gesprochen hatte. „Ketzer" waren aber in der Regel nichts anderes als Kritiker der Priesterkaste, oftmals Pazifisten, Vegetarier und Tierschützer. Und sehr viele Ketzer waren schlichte Nachfolger des

Jesus von Nazareth und gehorchten Gottes Wort mehr als den gottlosen Anweisungen einer religiösen Obrigkeit, die „von unten kommt", wie Jesus von Nazareth es ausdrückte.

Und über den missionarischen Eifer der Priesterkaste sagte Jesus von Nazareth, und wir wiederholen:
*Ihr zieht über Land und Meer, um einen einzigen Menschen für euren Glauben zu gewinnen; und wenn er gewonnen ist, dann macht ihr ihn zu einem Sohn der Hölle, der doppelt so schlimm ist wie ihr selbst.* (Mt 23, 15)

Können wir uns vorstellen, welch ungeheuren Mut es einem Menschen abverlangt, die religiösen Machthaber des Volkes fortwährend auf diese geradlinige und klarsichtige Art anzusprechen? Wer sich mit den überlieferten Schriften befasst, der erkennt in der Tat, dass Jesus von Nazareth ein überaus mutiger geistiger Revolutionär war, der jeglichen Missbrauch des Namens Gottes, Seines und unseres himmlischen Vaters, mit geistiger Vollmacht aufdeckte und für das Volk sichtbar machte.

Jesus von Nazareth entlarvte immer wieder die Priesterkaste auch in ihrer Eigenschaft als weltliche Führer des Volkes, als Handlanger des Baalskultes und somit genau besehen als Diener des Teufels, wie es im Johannesevangelium wörtlich heißt. Denn Priester und selbsternannte Mittlergestalten, die sich zwischen Gott und Seine Menschenkinder schieben, hatte Gott in Seiner guten Schöpfung nicht vorgesehen. Sie kommen also von anderswo her.

Der mutige junge Mann Jesus von Nazareth sprach klar und deutlich, unmissverständlich und konsequent die Religionsführer an. Wir sehen an Seinen Aussagen, dass Jesus von Nazareth alles andere war als ein Jesu-Babylein. Er war wahrlich ein geistiger Revolutionär, ausgestattet mit der Vollmacht Gottes, um die Menschen und Seelen zu befreien, auch von der Priesterkaste.
Äußerst scharfsinnig und treffend, doch immer im Gesetz Gottes lebend, sprach Er, Jesus von Nazareth, aus dem ewigen Gesetz Gottes heraus die geistige Verwahrlosung, die Sittenlosigkeit und Gesetzlosigkeit der Priester, Schriftgelehrten und

Pharisäer an. Könnte das der Grund sein, warum Er heute immer noch am Kreuz hängt?

*Die Priester wollen das
prophetische Wort Gottes auslöschen*

Warum also hängt Jesus von Nazareth heutzutage immer noch entweder als Leichnam, als die gefolterte, ermordete und scheinbar besiegte Trophäe der Priesterkaste am Kreuz, oder liegt wahlweise als stummes „Jesulein" in einer Krippe mit Stroh?
Warum wohl? Weil Er eben mit der Vollmacht Gottes sprach und Taten vollbrachte, die die Priesterkaste fortwährend entlarvten. Er brachte die Gesetze Gottes, an denen gemessen sich die Priesterkaste als Handlanger der gottfernen Macht zu erkennen gab, so, wie es in der Bibel der Kirchen durch die Jesus-Worte überliefert ist. Deshalb wird nur der stumme Jesus von der Priesterkaste dem Volk präsentiert, weil niemand Seine Worte hören soll. Sie glauben, sie hätten Ihn dadurch zum Schweigen gebracht.

Damit auch alle späteren Gottesboten zum Schweigen gebracht werden, behaupten die institutionellen Kirchen dreist bis zum heutigen Tag, dass Jesus von Nazareth der letzte Prophet gewesen sein soll. Und das, obwohl Er selbst das Gegenteil sagte, wie in den Bibeln der Kirchen nachzulesen ist:

*Darum hört: Ich sende Propheten, Weise und Gesetzeslehrer zu euch; ihr aber werdet einige von ihnen töten, ja sogar kreuzigen, andere in euren Synagogen auspeitschen und von Stadt zu Stadt verfolgen.* (Mt 23, 34)

Er sprach auch:
*Noch vieles habe ich euch zu sagen, aber ihr könnt es jetzt nicht tragen. Wenn aber jener kommt, der Geist der Wahrheit, wird er euch in die ganze Wahrheit führen.* (Joh 16, 12-13)

Durch wen soll der „Geist der Wahrheit" denn kommen, wenn nicht durch Prophetenmund, durch den Gott, der Geist der Wahrheit, zu den Menschen sprechen kann? Was im Gegensatz dazu durch Päpste und Kirchenführer über 1700

Jahre lang in diese Welt kam, darüber gibt die blutige Kirchengeschichte in einer Deutlichkeit Auskunft, die keine Fragen offen lässt.

So sprach Jesus auch:
*Hütet euch vor den falschen Propheten; sie kommen zu euch wie (harmlose) Schafe, in Wirklichkeit aber sind sie reißende Wölfe.* (Mt 7, 15)

Für sehr viele Menschen ist es offenkundig, dass mit den „falschen Propheten" zu allererst die Priesterkaste gemeint sein muss, mitsamt den Schriftgelehrten, also den Theologen. Und nach der Priesterkaste kommt erst einmal lange nichts. Denn die Schriftgelehrten und Pharisäer haben sich auf den Stuhl der Propheten gesetzt, auf den Stuhl des Moses. So hat es uns Jesus von Nazareth gelehrt. So steht es auch in den Bibeln der Kirchen. Die Priesterkaste behauptet in ihren Dogmen und Kirchengesetzen von sich – und zwar ohne jeglichen Beweis, ohne jeden glaubhaften geistigen und historischen Hintergrund, dass sie das Prophetenamt angeblich von Christus einfach so übernommen habe.

Das hat sie in ihrer übergroßen Anmaßung und Überheblichkeit einfach so bestimmt, ganz nach dem Motto: Das einfältige Volk wird schon nichts merken!

Es ist wirklich erschreckend dämonisch: Im Grunde genommen wurde auf diese Weise das Prophetentum von den Kirchenoberen annektiert!

In ihren offiziellen Schriften behauptet die Kirche dreist, ihren Priestern würde bei deren Weihe die *prophetische Aufgabe* übertragen („Direktorium für Dienst und Leben der Priester", Kongregation für den Klerus 1994).

Oder sie behauptet, dass die wahren Gottespropheten des Alten Bundes und Jesus, der Christus, heute so mit der Priesterkaste *verknüpft* seien, *dass das eine nicht ohne das andere besteht*. (2. Vatikanisches Konzil, Dei Verbum, § 10)

Liebe Leserinnen, liebe Leser: Welche Anmaßung! Doch was steckt hinter dieser Annexion der Propheten durch das institutionelle kirchliche Priestertum? Es ist der Wille der Priesterkaste, und der lautete zu allen Zeiten: »Löschet den Geist aus!

Bringt die Gottespropheten und somit Gott, den Ewigen selbst, zum Schweigen! Löschet das Wort Gottes aus!«
Doch es heißt auch in den Überlieferungen:
*Ohne prophetische Offenbarung verwildert das Volk!* (Sprüche 29, 18)

Deshalb denken die Priester offenbar: »Lasset also uns, die Priester, das Wort führen, um die Völker verwildern zu lassen. Dann schauen sie zu uns, den Priestern, auf, und wir bestimmen dann, wem wir ein besseres Jenseits vorgaukeln und wem wir mit der jenseitigen Hölle drohen. Denn wir, die Priester, bestimmen ab jetzt, was das Volk glauben soll. Wir, die Priester, ernennen uns jetzt selbst zu Propheten, um ein für allemal Ruhe zu haben vor den Gottespropheten, die immer wieder inkarnieren, um uns zu stören bei der Verführung des Volkes und bei der Anbetung des Gegenspielers Gottes.« Das ist der Zustand dieser Welt!

Dass das prophetische Wort nun bei den Priestern sein soll, ist eine dreiste Irreführung des Volkes, die durch nichts, durch absolut gar nichts zu beweisen ist. Wer den prophetischen Christus-Gottes-Geist kennt, der weiß, dass die Priesterkaste einschließlich des Papsttums bis heute nicht im Entferntesten verstanden hat, was es bedeutet, wenn der Gottesgeist durch einen Menschen im prophetischen Wort spricht.

Gott, der Ewige, offenbarte durch Jesaja:
*Denn wie der Regen und der Schnee vom Himmel fällt und nicht dorthin zurückkehrt, sondern die Erde tränkt und sie zum Keimen und Sprossen bringt, wie er dem Sämann Samen gibt und Brot zum Essen, so ist es auch mit dem Wort, das meinen Mund verlässt: Es kehrt nicht leer zu mir zurück, sondern bewirkt, was ich will, und erreicht all das, wozu ich es ausgesandt habe.* (Jes 55, 10-11)

Dreist und perfide halten konfessionelle Priester die Mär aufrecht, das Prophetenamt sei seit der Ermordung des Jesus von Nazareth – die die Priester von damals ja selbst veranlasst hatten – auf sie, die Priesterkaste von heute, übergegangen. Jesus von Nazareth hat aber zeit seines Lebens gegen die Priester angekämpft, und nur deshalb, ausschließlich deshalb, haben die Priester Ihn auch schändlich foltern und ermorden lassen. Von einer Zustimmung zur Folter oder gar von einer „freiwilligen Opferung des Leibes", wie es in der Kirche heißt, kann dabei niemals die Rede sein! Das alles ist eine freie Erfindung der Priester und eine Verhöhnung des Christus Gottes. Die überlieferte Realität sah ganz anders aus: Rufmord, Verrat, Verfolgung, Verhaftung, Verhör, Folterung, Kreuzweg und brutale Hinrichtung.

Alle Gottespropheten kamen von „oben" und nicht, wie die Priester, von „unten" – so lehrte Jesus von Nazareth die Menschen. Die Gottespropheten aller Zeiten sprachen deshalb immer gegen die Priesterkaste, das menschliche Werkzeug der alten Schlange. Bis heute gilt: Für das institutionelle Priestertum darf es keine Gottespropheten mehr geben, denn sie weiß ganz genau: Gott, der Ewige, wird immer wieder durch Seine Propheten für die Wahrheit Zeugnis geben, die Priesterkaste als Diener des Widersachers entlarven und ihr falsches Spiel aufdecken, so wie es Jesus von Nazareth tat.

*Weshalb musste Abraham sein Elternhaus verlassen?*

Es ist überliefert: Schon der Gottesprophet Abraham musste seine Heimat verlassen, um das zu tun, was der Eine Gott von ihm wünschte, damit Gott, der Ewige, durch Abraham wirken konnte. Der Vater Abrahams war der Überlieferung nach fest in den damaligen Priesterkult und den Götzendienst der Vielgötterei eingebunden. Warum musste dann Abraham das Elternhaus verlassen, wenn doch die Priester angeblich von Gott beauftragt wären, als Mittler zwischen Gott und den Menschen zu wirken?
Es heißt über Abraham (der damals noch Abram genannt wurde):
*Der Herr sprach zu Abram: Zieh weg aus deinem Land, von deiner Verwandtschaft und aus deinem Vaterhaus in das Land, das ich dir zeigen werde.*
(Gen 12, 1)

Auch alle weiteren Gottespropheten lehrten und sprachen zu allen Zeiten gegen die Priesterkaste. Und Jesus von Nazareth, der größte Prophet aller

Zeiten, entlarvte die Priesterkaste vollkommen durch Sein Leben und Wirken und natürlich mit vielen Seiner Aussagen wie: *"Ihr stammt von unten, ich stamme von oben ... Ihr habt den Teufel zum Vater."* (Joh 8, 23 und 44)

Und dann soll Jesus von Nazareth nun ganz plötzlich wieder ein Priestertum gewollt haben?! Er soll Seine göttlichen Lehren und Botschaften, Sein göttliches Vermächtnis erneut einer Kaste anvertraut haben, auf deren Betreiben Er verraten, brutalst gefoltert und gekreuzigt wurde? Er wusste doch, dass die Priester alles versuchen würden, um Seinen Namen zu missbrauchen und Seine Hoheitslehre der Bergpredigt als für diese Welt zu utopisch abzuqualifizieren.

Und die Vertreter dieser Priesterhierarchie behaupten nun auch noch von sich in ihren Dogmen und Lehrsätzen, dass das „Prophetische Wort" jetzt auf sie übergegangen sei, und sie verkünden, dass Jesus von Nazareth der letzte Prophet gewesen sei und dass keiner mehr nach Ihm kommen würde.

Das war und ist vielleicht das Wunschdenken der Priester bis heute.

Doch Fakt ist: Ganz besonders seit der Erdenzeit des Jesus von Nazareth hat das institutionelle Priestertum, haben also die Kirchenoberen, eine höllische Angst davor, dass abermals große Gottespropheten inkarnieren, um die Völker über die wahre Identität der Priesterkaste aufzuklären.

*In den Urgemeinden gab es keine Priester*

An den Aussagen des Jesus von Nazareth kann man klar ablesen, dass die Ansprüche der Priester auf das Prophetenamt frei erfunden sind. In welcher Nacht- und Nebelaktion soll denn eigentlich das Prophetenamt auf die Priester übergegangen sein, da es doch in den ersten Urgemeinden gar keine Priester gab?!
Wenn es um das Prophetenamt geht, muss man sich auch über Folgendes im Klaren sein: Gott kann nur durch ein reines Instrument, durch einen geläuterten Menschen sprechen. Wahre Gottespropheten empfangen das Wort Gottes also ausschließlich bei einer weitestgehend ethisch und moralisch sauberen Lebensführung.

In den ersten Urgemeinden gab es, wie gesagt, keine Priester. Aber es gab Menschen, die das „Innere Wort" hatten, und es gab Propheten, die die ersten Gemeinden führten.
Erst ca. 100 bis 200 Jahre nach Jesus von Nazareth wurden die so genannten Presbyter, die „Ältesten" der Gemeinden, allmählich durch Priester abgelöst, wie es sie vor allem im mithräischen Baalskult gab. Man könnte sagen: Die vom Baalskult inspirierten Priester bemächtigten sich ganz allmählich der neuen Bewegung der Urchristen. Sie unterwanderten und infiltrierten diese Urgemeinden wieder mit ihren Riten, Kulten und Zeremonien, die vielfach aus dem Baalskult stammen, und sie schoben sich wieder in den Vordergrund mit ihrem uralten Anspruch, über dem Volk zu stehen.

Unter Kaiser Konstantin, der das bereits teilweise verfälschte Christentum aus rein politischen Gründen zu seiner bevorzugten Religion machte, geriet die urchristliche Bewegung bald vollends in die Hände der Priester, die sich jetzt zur Täuschung der Gemeinden „christlich" nannten. Doch der

wenig später zur Staatsreligion erhobene Katholizismus war ein Baalskult, dem nur ein christliches Mäntelchen umgehängt wurde.
Bis heute tragen die Bischöfe die Mitra als Kopfbedeckung, die von den Priestern des heidnischen Mithraskultes bzw. des mithräischen Baalskults stammt – und dem Volk gehen die Augen noch immer nicht auf.
Das neue Priestertum hat im Laufe der Kirchengeschichte auch immer wieder dafür gesorgt, dass unzählige Gottespropheten und erleuchtete Männer und Frauen verfolgt und umgebracht wurden, weil diese die Nachfolge des Jesus von Nazareth antraten und Seine Gebote erfüllten.

Auch an diesen Gewalttaten sehen wir, wie recht Jesus von Nazareth mit Seiner Aussage hatte:
*Ihr habt den Teufel zum Vater und ihr wollt das tun, wonach es euren Vater verlangt. Er war ein Mörder von Anfang an. Und er steht nicht in der Wahrheit; denn es ist keine Wahrheit in ihm. Wenn er lügt, sagt er das, was aus ihm selbst kommt; denn er ist ein Lügner und ist der Vater der Lüge.*
(Joh 8, 44)

Zusammengefasst heißt das: Jesus von Nazareth wurde auf Betreiben der Priester ermordet; dann haben die Priester sich selbst als Propheten ausgerufen und erneut den heidnischen Opferkult in den Mittelpunkt ihrer Hybris gestellt. Als blasphemischen Höhepunkt haben sie dabei Jesus von Nazareth nachträglich zum Opferlamm gekürt, das aber ihre Vorläufer selbst ermorden ließen. Seither wiederholen sie in ihrer Vorstellungswelt diese Opferung gleich Hinrichtung bei jeder ihrer so genannten „Messen" durch den von ihnen erfundenen Blut-Kult der Eucharistie, um die Völker weiter in die geistige Nacht zu führen und dort zu halten.

*Jesus trat gegen den Opferkult auf*

Ist es nicht abgrundtief boshaft, einen Menschen, der die Wahrheit der Himmel auf die Erde brachte, einfach zum „Opferlamm" zu erklären? Jesus von Nazareth sprach sich, ebenso wie die Gottespropheten des Alten Bundes, gegen jedes Opfer aus. Und genauso deutlich wie gegen die Priester

sprach Jesus, der Christus, gegen das Töten der Tiere, das von den Priestern befohlen und durchgeführt wurde:
*Wahrlich, Ich sage euch, darum bin Ich in die Welt gekommen, dass Ich abschaffe alle Blutopfer und das Essen des Fleisches der Tiere und Vögel, die von den Menschen geschlachtet werden.* (Das Evangelium Jesu 75, 9)

Auch im Alten Testament können wir klare Aussagen gegen den Opferkult lesen. Gott sprach durch den großen Propheten Jesaja:
*Wer einen Stier schlachtet, gleicht dem, der einen Mann erschlägt; wer ein Schaf opfert, gleicht dem, der einem Hund das Genick bricht; wer Speiseopfer bringt, gleicht dem, der Schweineblut spendet; wer Weihrauch anzündet, gleicht dem, der Götzen verehrt!* (Jes 66, 3)

An anderer Stelle offenbart Gott durch Seinen Propheten Jesaja:
*Was soll mir die Menge eurer Opfer? spricht der Herr. Ich bin satt der Brandopfer von Widdern und des Fettes von Mastkälbern und habe keinen Ge-*

*fallen am Blut der Stiere, der Lämmer und Böcke. Wenn ihr hereinkommt zu erscheinen von mir, wer fordert solches von euren Händen?* (Jes 1, 11 f.)
Dürfen wir die Frage wiederholen? *Wer fordert solches von euren Händen?* Forderten es nicht die Priester, die aus alter heidnischer Tradition heraus das Opfertier töteten und Teile des Kadavers verbrannten und andere Teile für ihr persönliches Kadavermahl beanspruchten?

Gott sprach weiter durch Jesaja:
*Und wenn ihr schon eure Hände ausbreitet, verberge ich doch meine Augen vor euch, und ob ihr schon viel betet, höre ich euch doch nicht, denn eure Hände sind voll Blut. Waschet, reinigt euch, tut euer böses Wesen von meinen Augen, lasst ab vom Bösen; lernt Gutes tun, trachtet nach Recht, helfet dem Unterdrückten.* (Jes 1, 15 f.)

Bei dem Gottespropheten Hosea lesen wir:
*Ihr Opferschlachten und Fleischfressen ist mir ein Gräuel und der Herr hat keinen Gefallen daran, sondern wird ihrer Missetaten gedenken und sie für ihre Missetaten heimsuchen.* (Hos 8, 13)

An anderer Stelle heißt es:
*Denn ich habe Lust an der Liebe, und nicht am Opfer, an der Erkenntnis Gottes und nicht an Brandopfern.* (Hos 6, 6)

Und dann wird Jesus von Nazareth, der Christus Gottes selbst, kurzerhand von den Priestern zum „Opferlamm" erklärt, der angeblich Sein Blut hingab für die Sünden der Menschen. Wieder ein Blutopfer also, eingeführt von der Priesterkaste – ein Blutopfer, das Gott ein Gräuel ist und gegen das Jesus von Nazareth zeit Seines Lebens ankämpfte.

Die ermordete Trophäe, der Leichnam Jesu, wird bis heute zur Abschreckung dem Volk präsentiert. Vordergründig täuscht man die Menschen, indem man behauptet, Sein furchtbarer Tod wäre angeblich für die Erlösung der Menschen notwendig gewesen. Doch die unterschwellige Botschaft lautet: »Seht her, so ergeht es allen Gottespropheten, die uns, den Priestern, die Macht über das Volk streitig machen und uns, die Priesterkaste, als Handlanger des Teufels entlarven, so wie es Jesus von Nazareth tat. Wir, die Priester, wollen und dulden keine Gottespropheten auf Erden, die uns Priester entlarven, uns wieder die Maske vom Gesicht reißen, unsere dunklen Machenschaften erneut aufdecken und aufzeigen, wer unser Vater ist. Und die es außerdem noch wagen, das Volk über uns, die Priester, aufzuklären und dem Volk unseren Frevel sichtbar zu machen.«

Noch ein weiterer Prophet sprach ebenfalls deutliche Worte. Wir lesen sie in der „Offenbarung des Johannes" und wir zitieren dazu eine Bibelausgabe von 1984. Interessant ist dabei, dass diese Passage in anderen Ausgaben durch Kirchenmänner deutlich milder formuliert wurde.
Es heißt also in der einen Bibelübersetzung:
*Dann hörte ich eine andere Stimme vom Himmel her rufen: Geht hinaus aus ihr, mein Volk, auf dass ihr nicht teilhabt an ihren Sünden und nichts empfangt von ihren Plagen. Denn ihre Sünden reichen bis an den Himmel, und Gott denkt an ihren Frevel.*
(Off 18, 4)

In einer anderen Ausgabe heißt es hingegen:
*Dann hörte ich eine andere Stimme vom Himmel her rufen: Verlass die Stadt, mein Volk, damit du*

*nicht mitschuldig wirst an ihren Sünden und von ihren Plagen mitgetroffen wirst. Denn ihre Sünden haben sich bis zum Himmel aufgetürmt und Gott hat ihre Schandtaten nicht vergessen.*

Das *Geht hinaus aus ihr, mein Volk* wird seit Mitte der 80er Jahre von unzähligen Menschen, die aus der Kirche austreten, immer wieder auch als Aufforderung für das Volk zum Kirchenaustritt interpretiert. Man könnte das entsprechende griechische Verb an dieser Stelle sogar mit den Worten übersetzen *Tretet aus von ihr, mein Volk*, wie Fachleute erklären.
Nur ein Zufall? Das darf natürlich aus Kirchensicht nicht sein, auch wenn das ein Gottesprophet so offenbart hat.

Von daher ist es nicht verwunderlich, wenn kirchliche Theologen diesen Aufruf des Sehers von Patmos durch eine andere Übersetzung wesentlich abschwächen. Und so wird aus dem deutlichen *Geht hinaus, mein Volk*, das auch mit *Tretet aus, mein Volk* übersetzt werden kann, einfach *Verlass die Stadt, mein Volk*.

Vielleicht ahnen aber die Priester der Kirchen auch insgeheim, dass die Zeit der Institutionen, die den Namen des Christus Gottes fortwährend missbrauchten und bis heute missbrauchen, und die Seine Botschaft immer wieder fälschten und verdrehten, abgelaufen ist. Denn Gott lässt Seiner bekanntlich nicht spotten.

Und zu den Fälschern und Verdrehern Seiner Lehre sprach Jesus von Nazareth schon in der Vorschau auf das Kommende:
*Amen, das sage ich euch: Bis Himmel und Erde vergehen, wird auch nicht der kleinste Buchstabe des Gesetzes vergehen, bevor nicht alles geschehen ist. Wer auch nur eines von den kleinsten Geboten aufhebt und die Menschen entsprechend lehrt, der wird im Himmelreich der Kleinste sein.*
(Mt 5, 18 f.)
Gemeint ist damit natürlich das unverfälschte Gottesgesetz, wie es die Gottespropheten des Alten Bundes offenbart haben, nicht die von Priestern verfälschten Überlieferungen der Bibel, welche die Propheten ebenfalls immer wieder anprangerten.

*Was hat die Priesterkaste aus Seiner Lehre gemacht?*

Kommen wir zurück zu dem Leben und Wirken des Jesus von Nazareth, des mutigen jungen Mannes aus dem Volk. Er, Jesus von Nazareth, trat für den Einen Gott der Liebe ein, den Schöpfergott. Er, Christus, gab Zeugnis für den Freien Geist, den Universalen Geist, das All-Bewusstsein, Seinen und unseren himmlischen Vater, den wir im Abendland Gott, den Ewigen, nennen. Er schloss in Seine Lehre der Gottes- und Nächstenliebe, in die Zehn Gebote Gottes, gegeben durch Moses, und in die Lehren Seiner Bergpredigt die gesamte Schöpfung mit ein, also die Tiere, Pflanzen und Mineralien, die ganze Mutter Erde.

Fragen wir uns vor dem Hintergrund all dessen, was Jesus von Nazareth der Priesterkaste vorhielt: Was haben die Priester bis heute aus dem Leben und Wirken des Jesus von Nazareth gemacht, aus Seinem geistigen Vermächtnis, von dem sie wahrheitswidrig behaupten, es sei ihnen übertragen worden?

Fast zwei Jahrtausende lang hat ein angeblich christliches Priestertum unter absolutistischer Führung des Papstes, der selbsternannten „ethischen und moralischen Instanz" dieser Welt, die Kaiser und Könige, die vielen Völker dieser Erde verführt. Diese Instanz hat so abgrundtief grausam, so bestialisch und blutrünstig auf diesem Planeten gehaust und gewütet, hat ihn derart verwüstet, dass die ganze Welt am Abgrund steht wie nie zuvor! Die totale Missachtung allen Lebens wurde unter der Führung der Kirchen zur Tagesordnung, so dass unzählige priesterhörige Menschen zu Bestien mutierten – und sich dabei auch noch „christlich" nannten.

Und das Ergebnis? Klimakollaps, mit alles vernichtenden Konsequenzen für Menschen, Natur und Tiere. Als ob Gott das gewollt hätte! Internationale Wissenschaftler schreiben heute sinngemäß, dass schon in ca. 150 Jahren der Erdplanet nur noch ein Wüstenplanet sein wird, mit einigen wenigen kleinen Gruppen von überlebenden Menschen, zurückgeworfen in die Steinzeit.

Bis heute wartet die Menschheit, ja die ganze Schöpfung einschließlich der Mutter Erde darauf, dass die so genannten Christen endlich christlich werden. Ja, wo sind die Christen dieser Erde, wenn doch alles, aber auch alles, dem Untergang geweiht ist? Wenn man fast überall auf der Erde Tod und Verderben vorfindet, wenn Milliarden Menschen hungern, darben und leiden, wenn die Tiere und die Natur überall elendiglich zu Grunde gehen? Wo sind die Christen? Was tun sie, wenn das Artensterben schon heute riesige Ausmaße angenommen hat und ganze Nahrungsketten zusammenbrechen, aufgrund des Raubbaus an der Natur, aufgrund der fortwährenden Vergewaltigung der Mutter Erde? All das geschah und geschieht doch vor allem auch durch so genannte institutionelle Christen – oder sollte man eher sagen: durch Menschen, die zu Unmenschen verkommen sind? Über zwei Milliarden Menschen haben keinen Zugang zu sauberem Trinkwasser. Wissen wir überhaupt, was das bedeutet, auch für unsere Zukunft?

Sollen etwa die Dogmen, Riten, Kulte, Sakramente und das ganze Korsett der Kirchen und des Priestertums, einschließlich der Kirchengeschichte, soll

dies alles etwa die Freiheit und die Liebe sein, die Jesus von Nazareth uns Menschen lehrte?
Sollen all die Kriege und Gräueltaten, die im Namen des Jesus von Nazareth von so genannten christlichen Völkern begangen wurden, abgesegnet von angeblich christlichen Priestern, Bischöfen und Päpsten, wirklich der Wille des Christus Gottes gewesen sein, also die Wahrheit, die uns frei macht, und somit das Gesetz des Lebens?

Warum ist dann die Welt so, wie sie ist? Warum hungern dann ca. eine Milliarde Menschen, während die Kirchen milliardenschwere Reichtümer über Reichtümer anhäufen? Ist der Eine Gott der Liebe, den uns Jesus von Nazareth lehrte, ein Kriegsgott? Ist Er ein Gott des Blut- und Opferkultes? Hat Jesus von Nazareth uns Menschen belogen – oder belügen uns die Kirchenoberen?

Ist der Eine Gott ein Gott der Massentierhaltung und des Raubbaus an der Natur, ein Gott des Artensterbens? Ist Er ein Gott von Panzern, Granaten und Soldaten, ein Gott von Kampfjets, Drohnen und Atombomben, die von kirchlichen Militärbischöfen gesegnet werden?

Ist Er ein Gott von Hungersnöten und Zerstörung, von Pestiziden und Fungiziden, von der Zerstörung der ganzen Natur, bis hin zum unaufhaltsamen Klimakollaps? Oder ist Er ein Gott von Nahrungsmittelspekulanten, ein Gott von Armut und Siechtum, wo Er doch die Nächstenliebe lehrte und Seinen Sohn, Jesus, den Christus, den Friedefürsten nannte?

Ist Jesus von Nazareth vor 2000 Jahren deswegen hinauf nach Jerusalem gegangen, hat den Tempel gereinigt, die Tiere freigelassen, die Händler hinausgetrieben und die Priester angeklagt, damit die nach Ihm entstandene so genannte institutionelle Christenheit mit ihren von Christus nie gewollten Priestern die Mutter Erde völlig entweiht und zerstört?

Sind die ganzen so genannten christlichen Zwangsmissionierungen mit Feuer und Schwert, die abartige Blutspur der Kirchengeschichte, die mit priesterlichem Segen ausgeführten Gewaltexzesse durch die Jahrhunderte mit Abermillionen Opfern unschuldiger Menschen und Tiere, die Kriege und Weltkriege etwa die angeblich

christliche Wahrheit, die hohe Ethik und Moral, die Nächstenliebe des Jesus von Nazareth?
Warum nennt sich das Abendland eigentlich christlich, wenn es doch so fortwährend und abscheulich Gewalttat an Gewalttat gereiht hat? Zu keiner Zeit gab es mehr bewaffnete Konflikte auf dem Planeten Erde, als jetzt in unserer Zeit.

Geht unsere Welt nicht gerade deshalb im Klimakollaps unter, weil, geschichtlich betrachtet, wahnsinnige machtbesessene alte Männer auf den Konzilen und Kirchenversammlungen ihre Gewaltfantasien und Höllenvorstellungen zu Dogmen erhoben, den Katholizismus zum Maß aller Dinge erklärten und mit diesem gegen alles Leben gerichteten Gedankengut weltliche Mächtige samt ihren Völkern indoktrinierten, manipulierten und in den Abgrund von Kriegen, Zerstörung und Gewalt stürzten? Macht euch die Erde untertan, koste es, was es wolle, bis zum Untergang der Menschheit.

Wir können uns aber auch fragen: Wovon wollte und will der lebendige und auferstandene Christus Gottes, der Friedefürst, der Mitregent der Himmel, die Menschheit befreien? Hängt Jesus der Christus, der auferstandene Sohn Gottes, der Friedefürst, deshalb noch immer am Marterkreuz der Kirchen, weil Er als Kämpfer gegen die Priesterkaste, als Pazifist, Vegetarier und Freund der Tiere, von den Kirchenoberen dorthin auf ewig verdammt ist?

*„An ihren Früchten
werdet ihr sie erkennen!"*

Wenn aber nun die Priesterkaste, die sich dreist anmaßt, rechtmäßige Erbin der Gottespropheten zu sein, derartiges auf der Erde angerichtet hat, so kann es sich dabei doch nur um „falsche Propheten" handeln. Oder etwa nicht?
Jesus von Nazareth sagte über die falschen Propheten:
*Hütet euch vor den falschen Propheten; sie kommen zu euch wie (harmlose) Schafe, in Wirklichkeit aber sind sie reißende Wölfe. An ihren Früchten werdet ihr sie erkennen. Erntet man etwa von Dornen Trauben oder von Disteln Feigen? Jeder gute*

*Baum bringt gute Früchte hervor, ein schlechter Baum aber schlechte. Ein guter Baum kann keine schlechten Früchte hervorbringen und ein schlechter Baum keine guten. Jeder Baum, der keine guten Früchte hervorbringt, wird umgehauen und ins Feuer geworfen. An ihren Früchten also werdet ihr sie erkennen.*

*Nicht jeder, der zu mir sagt: Herr! Herr!, wird in das Himmelreich kommen, sondern nur, wer den Willen meines Vaters im Himmel erfüllt. Viele werden an jenem Tag zu mir sagen: Herr, Herr, sind wir nicht in deinem Namen als Propheten aufgetreten und haben wir nicht mit deinem Namen Dämonen ausgetrieben und mit deinem Namen viele Wunder vollbracht? Dann werde ich ihnen antworten: Ich kenne euch nicht. Weg von mir, ihr Übertreter des Gesetzes!* (Mt 7, 15-23)

Beinahe 1700 Jahre angebliches Christentum, und die Menschheit steht am Abgrund, wie nie zuvor. *An ihren Früchten werdet ihr sie erkennen!* Wer ist es, der sich mit den Worten rechtfertigen will: *Sind wir nicht in deinem Namen als Propheten aufgetreten?*

Wer sonst, außer der Priesterkaste, hat sich im Laufe der Jahrhunderte so unfassbar anmaßend erdreistet, im Namen Gottes die Völker zu knechten und zu verführen und auch die Prophetie für sich zu beanspruchen? Wer?

*Der Ruf der „alten Schlange":*
*„Löschet den Geist aus!"*

Wer die Überlieferung aufmerksam liest, der erkennt, dass sich der Kampf der Priesterkaste gegen die Gottespropheten als eine Spur der Verleumdung und der Missachtung des Gotteswortes durch die ganze Bibel der Kirchen und auch durch die Kirchengeschichte zieht. Es ist der Kampf der Priester gegen das Wort Gottes durch Prophetenmund.
Von Abraham über Moses und Jesaja, Daniel und Hosea, Jeremia und Amos und allen anderen Gottespropheten bis hin zu Jesus von Nazareth sehen wir überall den gleichen Kampf der Priesterkaste gegen das Wort Gottes, gegen Seine Propheten. „Löschet den Geist aus!" – das ist der

Schlachtruf der Priesterkaste, der sich durch die ganze Menschheitsgeschichte zieht.

Über Tausende von Jahren gibt es immer wieder den gleichen Kampf der alten Schlange gegen die Gottespropheten und somit gegen Gott, den Ewigen: „Löschet den Geist aus!".

Vergleicht man den Priesterkult in der Bibel mit anderen antiken Quellen, dann wird deutlich, dass der Kultus um die Priesterkaste vor allem aus Ägypten stammt, also aus dem Heidentum. Später heißt es, Aaron sei angeblich von Moses im Auftrag Gottes zum Priester gemacht worden.

Doch die ganze, angeblich von Gott gewollte Priesterinstallierung mit Blutopferzeremonien und Brandopfern, mit Mord und Totschlag, wie sie in der Bibel steht, widerspricht völlig den Worten Gottes durch Seine Propheten und auch den Zehn Geboten, die Gott dem Propheten Moses offenbarte.

Gott gebietet zum Beispiel im 5. Gebot: *Du sollst nicht töten!* Nur wenige Zeilen später soll Gott aber Sein eigenes Gesetz wieder aufgehoben haben, indem Er angeblich anordnete, alle möglichen Menschen wegen verschiedenster Vergehen sofort mit dem Tod zu bestrafen.

Wer Ohren hat, der höre! Wer Verstand hat, der gebrauche ihn!

Jeder kann es selbst nachlesen. Doch beachten wir auch: Die alten Überlieferungen wurden zuhauf verfälscht, zum Vorteil und zur Rechtfertigung der Priesterkaste.

Ein Beispiel dazu: Gott, der Ewige, sprach durch einen der großen Gottespropheten Israels, durch Jeremia:

*Ich aber habe euren Väter an dem Tage, als ich sie aus Ägyptenland führte, nichts gesagt noch geboten von Brandopfern und Schlachtopfern.* (Jer 7, 22)

Im so genannten „mosaischen Gesetz", wie es heute in der Bibel nachlesbar ist, steht aber genau das Gegenteil. Dort wird behauptet, es wäre „Gott" gewesen, der die grausamen Opfer geboten habe, obwohl Gott doch durch den Propheten Jeremia eindeutig verkündete, dass solches nie von Ihm geboten wurde.

Und auch das steht klar und unmissverständlich in den Bibeln der Kirche. Was also ist die Wahrheit? Und was ist die Lüge?

Vielen Menschen ist mittlerweile klar, dass vor allem die Teile der Bibel, wo es um das Priestertum und um die Blutopfer geht, zu Gunsten der Priesterkaste gefälscht und meist nachträglich eingefügt wurden. Nach der Überlieferung sei es zudem ein Mann namens Esra gewesen, der *das mosaische Gesetz, das beim Untergang Jerusalems 586 v. Chr. verbrannt sein soll, neu geschrieben* hat. (Lexikon zur Bibel, R. Brockhaus Verlag, Wuppertal 1988) Und wer war dieser Mann? Er war ein Priester. – Wer Ohren hat, der höre. Und wer Verstand hat, der gebrauche ihn.

Priester intrigierten schon von Anbeginn an gegen die Wahrheit und wurden zur Stütze weltlicher Machthaber, indem sie sich bei den Königen und Mächtigen der Völker anbiederten und sich ihnen als Schriftgelehrte und angeblich göttlich inspirierte Berater andienten. Nur die Priesterkaste, ausschließlich sie, hatte durch die religiösen Vorschriften gesellschaftliche und wirtschaftliche Vorteile.

Von Anfang an taten die Priester nicht das, was durch die Gottespropheten im Prophetischen Wort von Gott, dem Ewigen, offenbart wurde, sondern so gut wie immer das Gegenteil.

Im übrigen ist den wenigsten Menschen bekannt, dass gerade die alten Überlieferungen einschließlich der späteren Kirchengeschichte zum größten Teil von Schriftgelehrten bzw. von Priestern niedergeschrieben wurden, und zwar im Auftrag der politisch Mächtigen einer Epoche bzw. im Auftrag der Kirchen.

Hierzu offenbart Gott durch den Propheten Jeremia:
*„Wie könnt ihr sagen: Weise sind wir, und das Gesetz des Herrn ist bei uns? Ja! Aber der Lügengriffel der Schreiber hat es zur Lüge gemacht".*
(Jer 8, 8)

Durch Prophetenmund warnt Gott, der Ewige, die Menschen also ausdrücklich vor dem *Lügengriffel der Schreiber*. So fand nur das Eingang in die Überlieferungen, was ihren Vorstellungen von ihren so genannten „Heldentaten" entsprach. Schönfärberei und Geschichtsklitterung waren an der Tagesordnung. Kritiker oder Gegner der selbstgefälligen Priesterkaste wurden in der Geschichte oftmals kurzerhand umgebracht oder lebenslang in Verliese weggesperrt.

Geschichtsfälschung ist noch bis heute ein weit verbreitetes Übel und ein Instrument zur Beherrschung der Völker. Heute ist es die oftmals verfälschte Berichterstattung in den Medien dieser Welt, die dann später als Grundlage für die „Geschichtsschreibung" dient.

*Der Tanz um das goldene Kalb*

Wie schon vor Tausenden von Jahren das Verhältnis zwischen Gottesprophet und Priester war, können wir in der Bibel der Kirchen nachlesen, an dem Beispiel, wie Aaron sich gegenüber Mose verhielt:

*Als das Volk sah, dass Mose noch immer nicht vom Berg herabkam, versammelte es sich um Aaron und sagte zu ihm: Komm, mach uns Götter, die vor uns herziehen. Denn dieser Mose, der Mann, der uns aus Ägypten herauf gebracht hat – wir wissen nicht, was mit ihm geschehen ist. Aaron antwortete: Nehmt euren Frauen, Söhnen und Töchtern die goldenen Ringe ab, die sie an den Ohren tragen, und bringt sie her!*

*Da nahm das ganze Volk die goldenen Ohrringe ab und brachte sie zu Aaron. Er nahm sie von ihnen entgegen, zeichnete mit einem Griffel eine Skizze und goss danach ein Kalb. Da sagten sie: Das sind deine Götter, Israel, die dich aus Ägypten heraufgeführt haben.*

*Als Aaron das sah, baute er vor dem Kalb einen Altar und rief aus: Morgen ist ein Fest zur Ehre des Herrn. Am folgenden Morgen standen sie zeitig auf, brachten Brandopfer dar und führten Tiere für das Heilsopfer herbei. Das Volk setzte sich zum Essen und Trinken und stand auf, um sich zu vergnügen.* (Ex 32, 1-6)

Nachdem Moses vom Berg herabgestiegen war und die Steintafeln mit den Geboten vor Zorn über Aaron und das Volk zerbrochen hatte, stellte er Aaron zur Rede.

In der Bibel steht es wie folgt:

*Zu Aaron sagte Mose: Was hat dir dieses Volk getan, dass du ihm eine so große Schuld aufgeladen hast? Aaron erwiderte: Mein Herr möge sich doch nicht vom Zorn hinreißen lassen. Du weißt doch, wie böse das Volk ist. Sie haben zu mir gesagt: Mach uns Götter, die uns vorangehen. Denn dieser Mose, der Mann, der uns aus Ägypten heraufgeführt hat – wir wissen nicht, was mit ihm geschehen ist. Da habe ich zu ihnen gesagt: Wer Goldschmuck trägt, soll ihn ablegen. Sie haben mir das Gold übergeben, ich habe es ins Feuer geworfen und herausgekommen ist dieses Kalb. Mose sah, wie verwildert das Volk war. Denn Aaron hatte es verwildern lassen, zur Schadenfreude ihrer Widersacher.* (Ex 32, 21-25)

Der Gottesprophet Moses klagt Aaron darauf hin an: *Du hast das Volk verwildern lassen!*

Hier ist offensichtlich, wie sich der Priester gegen Gott und Seinen Propheten Moses stellte. Das Priestertum samt Götzenkult wurde aus der Gefangenschaft in Ägypten mitgebracht und fand beim Volk sofort wieder Anklang, war dieses doch durch die Jahrhunderte lange Gefangenschaft in Ägypten damit vollkommen vertraut. Bald schon hatte man all dies wieder eingeführt, was aus Ägypten noch bekannt war.

Gott, der Ewige, hat jedoch kein Priestertum und auch keine Opferungen von unschuldigen Tieren angeordnet. Immer wieder offenbarte sich Gott, der Ewige, durch Seine Propheten gegen das Priestertum und auch gegen den Opferkult.
In den Worten Gottes durch den Gottespropheten Jesaja an die Priesterkaste kommt dies unmissverständlich zum Ausdruck:
*Hört das Wort des Herrn, ihr Herrscher von Sodom! Vernimm die Weisung unseres Gottes, du Volk von Gomorra! Was soll ich mit euren vielen Schlachtopfern?, spricht der Herr. Die Widder, die ihr als Opfer verbrennt, und das Fett eurer Rinder habe ich satt; das Blut der Stiere, der Lämmer und Böcke ist mir zuwider. Wenn ihr kommt, um mein Angesicht zu schauen – wer hat von euch verlangt, dass ihr meine Vorhöfe zertrampelt? Bringt mir nicht länger sinnlose Gaben, Rauchopfer, die mir ein Gräuel sind. Neumond und Sabbat und Festver-*

*sammlung – Frevel und Feste – ertrage ich nicht. Eure Neumondfeste und Feiertage sind mir in der Seele verhasst, sie sind mir zur Last geworden, ich bin es müde, sie zu ertragen. Wenn ihr eure Hände ausbreitet, verhülle ich Meine Augen vor euch. Wenn ihr auch noch so viel betet, ich höre es nicht. Eure Hände sind voller Blut. Wascht euch, reinigt euch! Lasst ab von eurem üblen Treiben! Hört auf, vor meinen Augen Böses zu tun! Lernt, Gutes zu tun! Sorgt für das Recht! Helft den Unterdrückten! Verschafft den Waisen Recht, tretet ein für die Witwen!* (Jes 1, 10-17)

Diese Worte des Propheten Jesaja sind immer wiederkehrende Mahnungen an die Priesterkaste, so wie sie sinngemäß alle Gottespropheten aussprachen.

### Weshalb kam Christus zur Erde?

Dann kam die Zeit des Jesus von Nazareth, der wie kein anderer Prophet zuvor die Pharisäer und Schriftgelehrten und die Priesterkaste mit eindringlichsten Beispielen und deutlichen Bildern als die Gegenspieler Gottes entlarvte. Anklage reiht sich dabei an Anklage gegen die Priesterkaste. Doch das war nicht der eigentliche Grund, weshalb Jesus der Christus auf die Erde kommen musste.

Viele Menschen wissen durch das Prophetische Wort für die heutige Zeit, dass Jesus von Nazareth mit einem großen Auftrag aus den Himmeln kam, um die ganze Seins-Schöpfung zu retten. Wir wollen dies hier nur in einer ganz knappen Zusammenfassung schildern:
Gott ist Geist. Aus der geistigen Welt kam der Christus Gottes in das Erdenkleid. Die gefallenen Menschen und Seelen bewegten sich durch den Abfall von Gott auf einen Tiefpunkt zu, der die Auflösung der Seelen und schließlich auch die Auflösung der geistigen Seinsschöpfung nach sich gezogen hätte. Jesus von Nazareth brachte durch Seine Erlösertat jedem Menschen und jeder Seele einen Funken geistig-göttlicher, unauslöschbarer Energie, einen Teil Seines göttlichen Erbes, als Stütze für den Weg zurück in das ewige Vaterhaus. Durch Seine Erlösertat geht keine Seele mehr verloren.

Alle Menschen und Seelen haben dadurch die Stütze, um irgendwann zurück in das Reich Gottes zu gelangen. Der Weg zurück in die ewige Heimat ist der Weg der gelebten Bergpredigt, den uns Jesus von Nazareth lehrte und vorlebte.

Das ist, in ganz groben Zügen, die Erlösung, die Jesus von Nazareth allen Menschen und Seelen brachte. Für tiefere Einblicke in das Wirken des Christus Gottes gibt es Hinweise auf weitere Literatur am Ende dieses Buches.

Nach allem, was wir über den Kampf der Priesterkaste gegen die Gottespropheten und gegen Jesus von Nazareth wissen, ist es völlig klar, dass Jesus von Nazareth auf gar keinen Fall erneut eine Priesterkaste eingesetzt hat. Wozu auch? Sein geistiges Vermächtnis hat Er allen Menschen, allen Männern und Frauen aller Kulturen und aller sozialer Schichten, allen Völkern dieser Erde hinterlassen. Schlicht und einfach ist Seine Rede: Folget Mir nach.

*Die brutale Ermordung
des Jesus von Nazareth*

Bis in die heutige Zeit dauert der geistige Kampf der Priesterkaste gegen Jesus von Nazareth und gegen die Gottespropheten an. In der Bibel der Kirchen steht zwar zu lesen: *Löschet den Geist nicht aus!* (1 Thess 5, 19). Doch die Priester tun in vielen Fällen genau das Gegenteil. Immer wieder ertönt ihr Schlachtruf: Löschet den Geist aus! Bis zum heutigen Tag wird der mutige Mann, der geistige Revolutionär Jesus von Nazareth, in den Kirchen aus Stein als Krippenbabylein verhöhnt und zum toten Mann am Kreuz, zur erlegten Trophäe der Priesterkaste herabgewürdigt.

Wie das vor sich geht, das stellte der oberste katholische Priester, Papst Joseph Ratzinger, in seiner offiziellen Predigt zu Palmsonntag 2012 erneut unter Beweis, als er über Jesus, den Christus, sprach:

*Der Palmsonntag ... ist das große Portal, das uns in die Karwoche eintreten lässt, in der Woche, in der Jesus, der Herr, dem Höhepunkt seines Erdenlebens entgegengeht. Er geht nach Jerusalem hin-*

*auf, um die Schrift zu erfüllen und ans Kreuz gehängt zu werden; es ist der Thron, von dem aus er auf ewig herrschen, die Menschheit aller Zeiten an sich ziehen und allen das Geschenk der Erlösung anbieten wird.*

Weiter predigte der Papst, *unserem König zu folgen, der als Thron das Kreuz wählt, einem Messias zu folgen ...*
Stellen wir dem einmal gegenüber, was ein Gerichtsmediziner zu dem Mord an Jesus von Nazareth zu sagen hat. Wir zitieren aus der Zeitschrift „Spiegel Geschichte" Nr. 6/2011, Seite 76/77:
„*Angesichts der Torturen, die Jesus bereits vor der Kreuzigung über sich ergehen lassen musste*", findet Frederick Zugibe, Chefpathologe eines Bezirks im US Bundesstaat New York, es „*außergewöhnlich, dass Jesus überhaupt noch in der Lage war, den Opfergang zum Kalvarienberg (also nach Golgatha) anzutreten*".

Was Jesus im Hause des Hohepriesters Kaiphas widerfuhr, wo Er geschlagen und verspottet wurde, sei bereits schlimm genug gewesen.

Weiter „Der Spiegel":
*Weit dramatischer war die anschließende Folterung mit dem Flagrum, einer Art Peitsche mit mehreren Lederriemen, in deren Enden scharfe Knochensplitter oder Bleikegel eingeflochten waren. „Das ist, als würde einem ein Baseball mit voller Wucht gegen die Rippen geschmettert - es verursacht einen sehr heftigen Schmerz, der Wochen anhalten kann", sagt Zugibe ... „Es gibt wenig Zweifel, dass die brutale Auspeitschung ein wesentlicher Grund für sein frühes Ableben war ... Insbesondere Brustkorb und Lungen hatten wohl schweren Schaden genommen."*

Anschließend setzten die römischen Soldaten Ihm eine geflochtene Krone aus Gemeinem Stechdorn auf, eine Marter, die extra für Ihn ersonnen worden war, und schlugen mit einem Stock auf Seinen Kopf ein. Diese sadistische Qual verursachte Schmerzen wie nach einer Marter mit einem glühenden Schürhaken.

Das qualvolle Sterben des Jesus von Nazareth beschreibt „Der Spiegel" weiter wie folgt:

*Der geschundene Heiland war bereits dem Tode nah, als seine Peiniger ihn am Kreuz fixierten. Die Römer nutzten wohl dicke Eisennägel von zwölf Zentimeter Länge. Wurden sie durch die Fersen getrieben, rissen zahlreiche Nervenbündel entzwei.*

*„Jesus erlitt einen der schlimmsten Schmerzzustände, die der Menschheit bekannt sind", folgert Zugibe. ... „Bei der kleinsten Bewegung am Kreuz raste der Schmerz wie ein Stromstoß durch den Körper", so Zugibe. Erst nach einer gefühlten Ewigkeit trat der erlösende Tod ein.*

Diese brutale Ermordung des Jesus von Nazareth, die Folterung und Misshandlung, die Geißelung mit Knochensplittern und Bleikegeln an den Enden der Peitschenstränge, der bestialische Schmerz der Dornenkrone, völlig alleingelassen von allen so genannten Freunden, den noch vor wenigen Stunden Hosianna rufenden Jüngern, gerade auch von dem Verräter Petrus – das alles nennt Papst Ratzinger am Palmsonntag 2012 den *Höhepunkt des Erdenlebens* von Jesus, dem Christus!

Und das Marterkreuz, das Jesus von Nazareth, mit Dornenkrone auf dem Haupt, allein tragen musste und an das Er – durch die bestialische Geißelung schon schwerst verwundet – brutal genagelt wurde, die Fersenknochen von beinahe ein Zentimeter dicken Nägeln durchbohrt und weitestgehend zertrümmert, dieses Marterkreuz bezeichnet der Papst gerade als den rechten Ort für den „Thron" des Sohnes Gottes, an dem Er, der Mitregent der Himmel, ewig, ewig, ewig, hingenagelt bleiben soll!

Der Lanzenstoß in die Seite des gekreuzigten Jesus von Nazareth, so dass sogleich Blut floss, dieses ruchlose Verbrechen an Jesus von Nazareth durch die Söldner auf Geheiß der Priesterkaste, nur um sicherzustellen, dass dieser Feind der Priesterkaste nun endlich und für immer wirklich gestorben ist, endlich, endlich mausetot gemacht und dass der Mund dieses von Gott gesandten Propheten, dieses Aufklärers und Aufrührers gegen die Priesterkaste für alle Zeit zum Schweigen gebracht ist – dieser Lanzenstoß wird von den Kirchenoberen zur Geburtsstunde der Katholischen Kirche verklärt.

Wer Ohren hat, der höre, und wer Verstand hat, der gebrauche ihn.

Liest man die Worte des Papstes und denkt dabei an die Kirchengeschichte der letzten 1700 Jahre, dann hört man förmlich, wie das Credo der Priesterkaste erklingt, und zwar ganz im Stil des Großinquisitors in der Novelle von Dostojewski, der z.B. durchaus auch gesagt haben könnte:

*»Wir haben diesen Jesus von Nazareth besiegt, indem wir ihn ermorden ließen.*
*Freuet euch, ihr Priester, wir haben den Gottessohn und Propheten Jesus von Nazareth, nur durch die Schmerzen, die wir ihm zufügen konnten, schändlich am Kreuz sterben lassen. Das ist unser Sieg über Gott!*
*Und zum Zeichen unseres Sieges über seinen Sohn, den Christus Gottes, werden wir ihn ewig am Kreuz hängen lassen und die Völker dieser Erde einen besiegten Korpus anbeten lassen, zu unserer Ehre, denn wir, die Priester, haben ihn auf Erden besiegt! Wir werden in seinem Namen alle nur erdenklichen Gräueltaten und schändlichen Verbrechen*

*begehen, und ihn, Jesus von Nazareth, für unsere Zwecke missbrauchen, um die Völker der Erde zu täuschen, sie unter Androhung einer von uns erfundenen ewigen Verdammnis zu binden und sie dem Widersacher Gottes zuführen.*

*Fortwährend werden wir den Namen Jesus von Nazareth im Munde führen, Kriege in seinem Namen führen, morden, rauben, plündern und die ganze Schöpfung vergewaltigen und ausbluten lassen.*

*Und während unsere grausamen Taten die Völker entsetzen, werden wir seinen Namen auf unser Banner schreiben.*

*Und die Völker werden uns leichtfertig glauben, uns den Priestern, dass wir das alles tun im Namen des Jesus von Nazareth. Unser Schlachtruf heißt: Löschet den Geist aus!«*

All das Leid, die Pein und die Verzweifelung, die barbarischen, kaum zu ertragenden Folterschmerzen, die zum Tode führen, werden in den Lehren der Kirche scheinheilig und perfide zur Geburtsstunde der Katholischen Kirche verklärt.

In dem Buch „Der Glaube der Kirche in den Urkunden der Lehrverkündigung" von Josef Neuner und Heinrich Roos ist es auf Seite 375 f. schwarz auf weiß nachzulesen:
*Erst im Tod hat Christus den innigen Bund mit der Kirche geschlossen ... Erst aus der geöffneten Seite des geopferten Heilands ist die Kirche geboren worden, so wie Eva aus der Seite Adams genommen wurde. Das ist die uralte Ausdrucksweise für diese Wahrheit.*

Hier entlarvt sich die Kirche selbst. Die größte Schandtat der Menschheitsgeschichte ist ihre „Geburtsstunde", und sie ist darauf auch noch stolz. Der Widersacher glaubt, er habe Christus, den Erlöser, den Sohn Gottes, niedergerungen und für immer zum Schweigen gebracht. Doch er hat sich getäuscht und mit ihm diejenigen, die Seinen Leib gemartert und zu Tode gebracht haben. Denn Christus ist nicht tot, Er hat durch Seine Erlösertat und Seine Auferstehung den Widersacher besiegt.
Doch wieder verdreht die Priesterkaste die Wahrheit. Der, den sie auf schändlichste Weise foltern,

martern und töten ließen, soll ausgerechnet mit ihnen einen Bund geschlossen haben und dazu mit einer Kirche, die es damals überhaupt nicht gab!
Söhne Gottes und Freunde des Jesus von Nazareth erklären deshalb: Wenn die Kirche von einem Bund zwischen ihr und Christus spricht, dann ist dies eine dreiste Unwahrheit. Und aufgrund dieser Unwahrheit soll Jesus von Nazareth auch auf ewig am Kreuz hängen bleiben, und deshalb wird Er von den Priestern auch nur wenig als der Auferstandene den Menschen nahe gebracht, sondern immer und immer wieder als der Gekreuzigte vorgeführt.

Millionen und Abermillionen Menschen auf allen Kontinenten durchschauen aber mittlerweile, warum die Kirchenoberen, die Priester, immer wieder das Opfer und den Tod zelebrieren und Christus, der die Auferstehung und das Leben ist, immer wieder ans Kreuz nageln oder in das Kripplein zurück verbannen.
Warum muss Christus in der Kirche schweigen? Könnte die Antwort sein: Damit die religiöse

Macht und die Herrschaft über das Volk, einschließlich über die regierenden Politiker, bei der Kirche, beim Papst und den Priestern bleiben?
Wer tiefer zu schauen gelernt hat und die Aussagen von Papst Ratzinger am Palmsonntag 2012 gehört hat, der erfasst: Hier fallen die Masken des Papsttums, der Priesterkaste und des Oberpriesters Joseph Ratzinger. Es ist immer dieselbe Stimme im düsteren Chor der Priesterkaste, die lautstark ertönt, und deren Botschaft ist: Löschet den Geist aus!
Der Widersacher Gottes zeigt sein wahres Gesicht – und der Papst zeigt, wem die Kirche in Wahrheit dient! Das Marterkreuz als ewiger Thron Christi? Da frohlockt der Teufel! Die Hölle winkt mit verkohlten Palmzweigen! Löschet den Geist aus!, erklingt der gellende Schlachtruf von unten. Wer es fassen kann, der fasse es; wer es lassen will, der lasse es.
Dabei ist es gar nicht so schwer zu fassen, denn die Wahrheit kann man sogar in den Bibeln der Kirchen finden. Dort steht doch, dass Er verraten wurde und die religiösen Obrigkeiten Ihm schon lange nach dem Leben trachteten. Jedem Schüler

im so genannten christlichen Abendland wird beigebracht: Er wurde erst verraten und dann brutal gefoltert und ermordet, alles auf Betreiben der Priesterkaste! Und schließlich ist Er, Jesus, der Christus, aufgefahren in die Himmel, wie es in den überlieferten Schriften heißt: *Von nun an wird der Menschensohn zur Rechten des allmächtigen Gottes sitzen.*

Doch der Papst nagelt den Christus Gottes immer noch mit seinen Worten auf ewig an das schändliche Marterkreuz und bezeichnet dieses Kreuz der Schande als den „ewigen Thron" des Jesus von Nazareth.

Es gibt viele Menschen auf der Erde, die weit weniger Anlass hatten, die katholische Kirche zu verlassen. Doch diese erneute, mehr als unverfrorene Verhöhnung und Verspottung des Jesus von Nazareth durch Papst Joseph Ratzinger am Palmsonntag 2012 ließ viele weitere Menschen ihrem Gewissen folgen.

Aber immer noch wird die Menschheit vom alten heidnischen Opferkult des Priestertums geprägt. Denken wir nur an die großen Festtage, die die

Kirchen zur angeblichen Ehre des Jesus von Nazareth installierten: Jahr für Jahr finden bestialische Blutopferfeste, Schlachtfeste statt, die aus den tiefen Abgründen des Heidentums stammen, vor allem an Weihnachten und Ostern. Das Tieropfertum aus den Tempeln wurde mit dem Segen der Priester in die Schlachthöfe dieser Welt verlegt. Gedankenlos verzehren Millionen von Menschen die Tiere, ihre Mitgeschöpfe aus Gottes Hand. Es sind Millionen Menschen, die verführt sind von einer Priesterkaste, die bis heute jedem Leben auf dem Planeten, das nicht ihrem Kult zugehörig ist, feindselig gegenübersteht.

Das Leben aber ist Gott. Diese bestialischen Schlachtfeste zu den so genannten christlichen Feiertagen sind abermals eine Verhöhnung und Verspottung des Jesus von Nazareth, des mutigen Mannes des Volkes, der zeit Seines Lebens gegen die Tieropfer sprach.

Doch die Priesterkaste hält an ihrem Schlachtruf fest: »*Löschet den Geist aus! Macht euch die Erde untertan, und raubt, mordet, plündert die Natur.*

*Wir, die Priester, werden alles segnen. Jagt, und schießt die Tiere! Wir, die Priester, geben unseren Segen.«* – So geht es jahrein, jahraus.

Das alles ist Gott, dem Ewigen, dem Geist der Liebe, ein Gräuel, unserem himmlischen Vater, dem Vater-Mutter-Gott, dem Geist der Unendlichkeit, der in allen und in allem das Leben ist, in jedem Menschen, aber auch in jeder Pflanze, in jedem Tier.

*Wie zu allen Zeiten,
spricht der Christus Gottes auch heute
im Prophetischen Wort zu uns Menschen*

Bis heute hat die Priesterkaste vor nichts mehr Angst, als dass die Menschen und Seelen sich einzig dem Christus Gottes und Gott, dem Ewigen, zuwenden, völlig frei von der Einflussnahme durch Priester und Kirchen. Die größte Angst jedoch haben sie vor dem redenden Gottesgeist, denn Gott hat zu allen Zeiten zu den Menschen gesprochen, wann und wo Er wollte. Gott spricht nicht durch kirchenhörige Priester, die so reden, wie die Kirche es will, sondern durch erleuchtete Männer und Frauen, die Er Seine Propheten nannte und nennt.

Immer mehr Menschen erfassen in ihren Herzen, dass es wahrlich eine Gnadengabe der Himmel ist, dass der Christus-Gottes-Geist erneut einen großen Propheten zur Erde gesandt hat. Es ist Seine Prophetin und Botschafterin in unserer Zeit, Gabriele, durch die Er das Füllhorn der göttlichen Weisheit ausgießt.

Wie zu allen Zeiten, so spricht auch in der heutigen Zeit der Christus Gottes, der als Jesus von Nazareth auf Erden war, im Prophetischen Wort zu allen Menschen, die sich nach der ewigen Wahrheit sehnen. Immer mehr Menschen in aller Welt erfassen in ihren Herzen, was die Zeitenwende, eingeleitet durch den Klimakollaps, bringen wird. Sie beginnen, den Weg nach Innen zu gehen, den Weg der Selbsterkenntnis, und die Handreichung Gottes durch Prophetenmund anzunehmen. Sie erleben, dass sich durch die schrittweise Erfüllung der Gebote Gottes und der Bergpredigt Jesu ihr Leben zum Besseren wendet und durch die Hilfe des lebendigen Christus Gottes, der inwendig in jeder Seele und in jedem Menschen wohnt, so manches Ungute bereinigt werden kann.

Es ist der Christus-Gottes-Geist, der uns, Seinen Menschenkindern, sinngemäß zuruft:

*Kommt heim, beginnt den Weg der Bergpredigt zu gehen. Lernt anhand der Zehn Gebote Gottes die Gesetzmäßigkeiten der Himmel im täglichen Leben anzuwenden. Werdet frei von Feindschaft, Hass, Neid, Zank und Streit. Bittet um Vergebung eurer Schuld, und vergebt euren Schuldigern. Macht wieder gut, was ihr noch gut machen könnt. Beginnt das Leben in allem und allen zu achten. Hört auf, die Natur, die Tiere, die Mutter Erde auszubeuten und zu quälen. Hört auf, zu töten und zu morden.*

*Kommt heim in das geistige Reich Gottes, das eure ewige Heimat ist! Löst euch von den Bindungen an die Priesterkaste und von den Kirchen aus Stein und betet zu dem, der inwendig in euch wohnt, Gott, dem Ewigen. Bittet um Hilfe und Beistand, und es wird euch gegeben. Wenn ihr betet, geht in das Stille Kämmerlein, von dem Jesus von Nazareth zu den Menschen sprach. Gott, der Ewige, braucht keine Mittler und keine Stellvertreter, wie die Priesterkaste behauptet. Er, der ewige Geist, Gott, ist selbst vertreten in jeder Seele, in jedem Menschen, ja, Er wohnt in jedem einzelnen Menschen, und Er lässt sich finden. Er ist der nahe Gott in Seiner ganzen Schöpfung.*

Jesus von Nazareth, der mutige Mann des Volkes für alle Völker – nicht das Krippen-Jesulein, nicht der tote Mann am Kreuz – forderte uns alle auf: *Folget Mir* nach!
Jesus von Nazareth sprach nicht: Folget einer Priesterkaste nach, die Meine Lehre und Mein Leben in das Gegenteil verkehrt hat und die Menschen durch Androhung einer angeblich ewigen Verdammnis von dem Einen Gott der Liebe und der Einheit allen Lebens wegführt, sie täuscht und an sich bindet.

Lernen wir gemeinsam, wenn wir wollen, Christus nachzufolgen. Beginnen wir also, Schritt für Schritt im Alltag die Erfüllung der Zehn Gebote Gottes durch Mose und die Bergpredigt des Jesus von Nazareth zu erlernen.

Doch bei allem, was geschieht, bewahren wir uns immer einige Gedanken daran, wie überaus mutig und couragiert, geradlinig und konsequent Er, Jesus von Nazareth, für uns alle und für unsere ewige Heimat eintrat, und dass Er, der im Geiste der ewigen Heimat unser Bruder ist, im Auftrag der Priesterkaste dafür brutal ermordet wurde.

Als der auferstandene Christus Gottes, der Mitregent der Himmel, ruft Er uns zu:
*Kommt heim. Ich, Christus, Bin der Fels; Ich Bin der Weg, die Wahrheit und das Leben. Folget Mir nach!*

## Nachtrag

*„Das Beste, was das Christentum hervorgebracht hat, sind seine Ketzer."* (Ernst Bloch, Philosoph 1885-1977)

*„Jesus verkündete das Reich Gottes, und gekommen ist die Kirche."* (Alfred Loisy, französischer Theologe, 1857-1940, exkommuniziert)

*„Wenn man das Judentum der Propheten und das Christentum, wie es Jesus Christus gelehrt hat, von allen Zutaten der Späteren, insbesondere der Priester, loslöst, so bleibt die Lehre übrig, die die Menschheit von allen sozialen Krankheiten zu heilen imstande wäre.* (Albert Einstein, Physiker, 1879-1955)

*„Die hohe, reich dotierte Geistlichkeit fürchtet nichts mehr als die Aufklärung der Massen!"* (Johann Wolfgang Goethe)

*„Tretet aus der Kirche aus. Tretet aus der Kirche aus. Tretet aus der Kirche aus. Wir sind aus der Kirche ausgetreten, weil wir es nicht länger mitansehen konnten."* (Kurt Tucholsky, 1890-1935)

*Lesen Sie auch …*

# Das ist Mein Wort
## A und Ω

*Das Evangelium Jesu*

Die Christus-Offenbarung, welche inzwischen die wahren Christen in aller Welt kennen

Ein Buch, das Sie um Jesus, den Christus, wissen lässt. Die Wahrheit über Sein Wirken und Leben als Jesus von Nazareth.

**Aus dem Inhalt:** Kindheit und Jugend Jesu • Die Verfälschung der Lehre des Jesus von Nazareth • Pharisäer gestern und heute • Die Bergpredigt • Sinn und Zweck des Erdenlebens • Jesus liebte die Tiere und setzte sich immer für sie ein • Wer in Gott lebt, ist mit allen Geschöpfen eins • Der Mensch schändet und zerstört das Leben auf der Erde • Aussterben vieler Tierarten • Voraussetzungen für die Heilung des Leibes • Jesus lehrt über die Ehe • Vom Wesen Gottes • Gott zürnt und straft nicht. Das Gesetz von Ursache und Wirkung • Die Lehre der „ewigen Verdammnis" ist eine Verhöhnung Gottes • Über Tod, Wiedergeburt und Leben • Die kommende Zeit und die Zukunft der Menschheit • Die wahre Bedeutung der Erlösertat Christi u.v.a.m.

**Mit Audio-CD** der Originalaufzeichnung eines Göttlichen Prophetischen Heilens, gegeben durch Gabriele, die Prophetin und Botschafterin Gottes für diese Zeit; außerdem eine kurze Autobiographie von Gabriele, inklusive Kohlezeichnung.

1128 S., geb., Euro 19,80. ISBN 978-3-89201-271-9

# *Die Botschaft aus dem All*
## *Die Gottesprophetie heute - Nicht das Bibelwort*

Band 1: *„ICH BIN, und du bist in Mir, urewig - und du kehrst zurück durch Christus"* - *„Den einen Gott verschmäht ihr - und glaubt an die ewige Verdammnis. Ich Bin der Gott der Liebe! Die Erde ruft Mich, den Schöpfer, um Erbarmen."* *„ICH mache alles neu."* - *„Sprecht ihr die Sprache der Liebe?"* u.v.a.m. 272 S., geb., mit Schutzumschlag. Euro 18,00. ISBN 978-3-89201-126-2

Band 2: *„Finde Freiheit in Gott"* - *„Ich offenbare das Schicksal der Menschheit, damit noch viele Meiner Menschenkinder erwachen und umkehren."* - *„Ich strahle euch Mein Licht zu, auf dass ihr euch zum Lichte hin verändert"* - *„Bemüht euch, immer mehr mit der Natur zu leben"* u.v.a.m. 264 S., geb., mit Schutzumschlag. Euro 18,00. ISBN 978-3-89201-196-5

Band 3: *„Alles, was lebt, ist Gesetz und Bewusstsein"* - *„Lebt gegenwärtig, dann steht ihr in Kommunikation mit den erhaltenden, göttlichen Lebensenergien"* - *„Aktiver Glaube: Tue es!"* - *Lernt, die Selbstheilungskräfte zu aktivieren ..."* u.v.a.m. 264 S., geb., mit Schutzumschlag. Euro 18,00. ISBN 978-3-89201-256-6

# Ursache und Entstehung aller Krankheiten

## Was der Mensch sät, wird er ernten

Eine fundamentale Christus-Offenbarung aus dem Jahr 1986. „In dieser Offenbarung gebe Ich einen Überblick, wie der Fall zustande kam, wie die ersten Ursachen geschaffen wurden, die sodann weitere Ursachen und Wirkungen nach sich zogen; denn dadurch entstanden das Leid, die Not und die Krankheit. Zugleich jedoch gebe Ich Einblicke in die ewigen Gesetze Meines Vaters und zeige, wie der Mensch Ursachen verhindern oder rechtzeitig beheben kann, bevor sie wirksam werden: Ich zeige, wie durch das Verhalten des Einzelnen Wirkungen gelindert oder aufgehoben werden können."

**Aus dem Inhalt:** Die Trennung vom Einheitsbewusstsein und die Entstehung der Materie * Die Störung der Erdmagnetfelder und Magnetströme * Die Rolle des Nervensystems bei der Entstehung von Krankheiten und Schicksalsschlägen * Jedes Organ ist Schwingung, Farbe, Klang * Wirkungsweise der Naturheilmittel * Die Chance der Reinkarnation * Die Quanten, die geistigen Energieträger u.v.a.m.

336 S., geb., Euro 18,00. ISBN 978-3-89201-213-9

*Biographie*

## Die Gesandte des Christus Gottes, Seine Prophetin der Jetztzeit, Gabriele

„Noch vieles habe Ich euch zu sagen, aber ihr könnt es jetzt nicht tragen. Wenn aber jener kommt, der Geist der Wahrheit, wird Er euch in die ganze Wahrheit führen." So sprach Jesus von Nazareth vor zweitausend Jahren.

Gabriele ist der lebende Beweis dafür, dass Gott sich auch heute, in unserer Zeit, nicht den Mund verbieten lässt. Denn der freie Geist weht, wo Er will. Sie ist der Beweis dafür, dass Gott, unser aller Vater, Seine Kinder liebt. Denn Er lässt uns nicht alleine - auch nicht in einer Zeit der Umwälzungen und Katastrophen, in die wir Menschen uns selbst hineinmanövriert haben.

**Mit 2 Audio-CDs:**

* „Tiefenatmung" und „Verweile in Dir" - 2 Meditationen
* „Den einen Gott verschmäht ihr und glaubt an die ewige Verdammnis. Ich Bin der Gott der Liebe" - Eine Offenbarung Gott-Vaters

316 Seiten, geb., Euro 19,80. ISBN 978-3-89201-332-7

*Das Wort der Propheten erfüllt sich*
## Von Abraham bis Gabriele

Die vorliegende Schrift zeigt in dichter Form den großen Bogen auf, der dem Wirken der wahren Gottespropheten zugrunde liegt, aber auch die verheerenden Folgen ihrer Missachtung durch die priesterhörige Mehrheit der Menschen, die dem Wort Gottes nicht gefolgt sind.

Von Abraham ausgehend bis zu Gabriele, der Prophetin und Botschafterin Gottes in unserer Zeit, wirkt der eine Geist, die All-Intelligenz, für den einen Plan, der in der Erfüllung des Gebetes liegt, das Jesus, der Christus, lehrte - das Vaterunser, in dem es heißt: „Wie im Himmel, so auf Erden".

80 Seiten, kart., Euro 8,00. ISBN 978-3-89201-353-2

## Wer war Jesus von Nazareth?
### Seine Kindheit und Jugendjahre

Nachfolger des Nazareners berichten authentisch über das Leben des Jesus von Nazareth - frei von Auslegungen und Fälschungen kirchenhöriger Historiker. Ihre Quellen sind Christus-Offenbarungen, gegeben durch Gabriele, die Prophetin und Botschafterin Gottes in unserer Zeit.

46 Seiten, geb., Euro 12,50. ISBN 978-3-89201-339-6

---

Gerne übersenden wir Ihnen
unser aktuelles Buchverzeichnis.
Gabriele-Verlag Das Wort GmbH
Max-Braun-Str. 2, 97828 Marktheidenfeld
Tel. 09391/504135. Fax 09391/504133

www.gabriele-verlag.de